ABC der Tiere 4
Sprachbuch
silbierte Ausgabe

Herausgegeben von
Klaus Kuhn

Erarbeitet von
Rosmarie Handt, Klaus Kuhn,
Kerstin Mrowka-Nienstedt, Iris Zeller

Illustriert von
Heike Treiber

Mildenberger

Inhalt

Wir sind in Klasse 4

Wir übernehmen mehr Verantwortung	Gesprächsanlass: Aufgabenverteilung in der Schule	6
Wir übernehmen mehr Verantwortung	Neue Aufgaben in der Klasse / Hitliste	7
Vom Streiten ...	Comic	8
... und Schlichten	Streitschlichter / Zusammengesetzte Nomen	9
Ein guter Streitschlichter	Adjektive auf -ig, -lich, -isch, -sam	10
Muss Streit sein?	Wörtliche Rede und Redebegleitsatz / Partnerdiktat	11
Konfliktlösung	Nomen auf -ung, -heit, -keit, -nis	12
Die Geschichte von den klugen Eseln	Bildergeschichte	13

Feuer, Wasser, Erde, Luft

Das Feuer	Gedicht	14
Das Feuer	Gedicht / Tipps zum Auswendiglernen	15
z oder tz, k oder ck?	z oder tz / k oder ck	16
Berge, die Feuer speien	Subjekt, Prädikat	17
Wen- oder Was-Ergänzung	Akkusativobjekt	18
Wen- oder Was-Ergänzung	Akkusativobjekt	19
Reise in die Steinzeit	Perfekt, Präteritum	20
Feuer machen in der Steinzeit	Wortfeld „brennen" / Schleichdiktat	21
Experimente mit Feuer – das Löschboot	Versuchsbeschreibung	22
Der Flammensprung: Was brennt an einer Kerze?	Versuchsbeschreibung / Sprichwörter	23

Manchmal fühle ich mich ...

Manchmal fühle ich mich – Gefühle sind wie Farben	Reime	24
Gute Gefühle – schlechte Gefühle	Gesprächsanlass: Gefühle / Wortfamilie	25
Fremd sein	Gesprächsanlass: Fremd sein	26
Abtrennbare Vorsilben	Vorsilben	27
Tom wird gemobbt	Gesprächsanlass: Mobbing	28
Verben auf „-ieren"	Verben auf -ieren	29
„Nein" zu sagen ist nicht immer leicht	Gesprächsanlass: „Nein" sagen / Dativobjekt	30
Die Wem-Ergänzung (Dativobjekt)	Dativobjekt / Partnerdiktat	31
Durcheinander der Gefühle	Redewendungen	32
So ein Schreck!	Geschichte zu einem Schluss schreiben	33

Im Lauf der Zeit

Zeit der Burgen und Ritter	Gesprächsanlass: Burganlage / Legende lesen	34
Zeit der Burgen und Ritter	Gesprächsanlass: Burganlage / Beschreibungen zuordnen	35
Auf der Ritterburg – Ortsangaben	Adverbiale Bestimmung des Ortes	36
Ein Fest auf der Burg	Unterscheidung ihm – im / ihn – in	37
b oder p, d oder t, g oder k?	Auslautverhärtung / Verlängern	38
Aufnahme in den Ritterstand	Schleichdiktat / Wortfamilie	39
Die Töchter der Ritter	Endung -in / -innen	40
Berühmte Frauen im Mittelalter	Informationen gewinnen / Steckbrief schreiben	41
Leben im Kloster – Zeitangaben	Kreisdiagramm lesen und verstehen	42
Leben im Kloster – Zeitangaben	Adverbiale Bestimmung der Zeit	43
Einen Vortrag halten	Informationen sammeln und aufbereiten	44
Einen Vortrag halten	Vortrag vorbereiten und halten	45
Abwechslungsreich erzählen	Satzanfänge / Wortfeld „sehen"	46
Abenteuer in der Ritterzeit	Fantasiegeschichte zu einem Bild schreiben	47

Mädchen und Jungen

Mädchen – Jungen	Gesprächsanlass: Mädchen – Jungen	48
Typisch Junge – typisch Mädchen?	Wörtliche Rede und Redebegleitsatz	49
Lisa und Ilja	Wörtliche Rede mit nachgestelltem Redebegleitsatz	50

Texte verstehen · Mündliches Sprachhandeln · Schriftliches Sprachhandeln · Sprache untersuchen · Richtig schreiben

Inhalt

Lisa mag Ilja – der Abschied	Wörtliche Rede und Redebegleitsatz	51
Mädchentore zählen doppelt	Comic	52
ß oder ss? – Verben mit zwei Wortstämmen	Verben mit zwei Wortstämmen	53
Personen genau beschreiben	Personenbeschreibung	54
Personen genau beschreiben	Personenbeschreibung / Schreibkonferenz	55

Arbeit und Beruf

Arbeit und Beruf	Gesprächsanlass: Berufswünsche	56
Arbeit und Beruf	Gesprächsanlass: Berufswünsche	57
Zukunftspläne	Futur	58
Zukunftspläne	Futur	59
Arbeit im Haushalt	Präposition	60
Arbeit im Haushalt	Tabelle / Partnerdiktat	61
Mein Traumberuf: Das will ich werden	Interview	62
Mein Traumberuf: Das will ich werden	Sachtext schreiben / Endung -in / -innen	63

Entdecker verändern die Welt

Entdecker und Entdeckerinnen verändern die Welt	Gesprächsanlass: Entdecker und ihre Entdeckungen	64
Entdecker und Entdeckerinnen verändern die Welt	Gesprächsanlass: Entdecker und ihre Entdeckungen	65
James Cook auf der Suche nach dem Südland	Konjunktion „und“	66
James Cook auf der Suche nach dem Südland	Perfekt / Präteritum	67
Jane Goodall – ein Leben für Schimpansen	Informationen gewinnen / Bilder beschreiben	68
Die vier Fälle des Nomens	Deklination	69
Howard Carter und das Geheimnis um Tutanchamun	Ableiten ä – a	70
Howard Carter und das Geheimnis um Tutanchamun	Genitiv / Partnerdiktat	71
Marie Curie und die Radioaktivität	Konjunktion „denn“	72
Marie Curie und die Radioaktivität	Informationen gewinnen	73
Eine abenteuerliche Safari	Bildergeschichte: Hauptteil erfinden und schreiben	74
Eine abenteuerliche Safari	Wortfeld „fahren“	75

Fantastisches und Märchenhaftes

Fantastisches und Märchenhaftes	Informationen gewinnen	76
Das tapfere Schneiderlein	Konjunktion „weil“	77
Der Drache – ein fantastisches Mischwesen	Zusammengesetzte Nomen / Beschreibung	78
Siegfried und der Drache Fafnir	Konjunktion „als“	79
Die Abenteuer des Baron von Münchhausen	Perfekt, Präteritum	80
Kopfkino – fantastische Geschichten	Kopfkino / Fantastische Geschichte schreiben	81
Wörter hören sich gleich an ...	Mnemotechniken	82
... werden aber nicht gleich geschrieben	Mnemotechniken / Partnerdiktat	83

Tiere und Natur erleben und entdecken

Tiere und Natur erleben und entdecken	Gesprächsanlass: wild lebende Tiere und Pflanzen	84
Tiere und Natur erleben und entdecken	Konjunktion „dass“	85
Bärenleben	Großschreibung / Kasus	86
Bärenleben	Sachtext / Komma zur Aufzählung / Partnerdiktat	87
Entdeckertour an der Ostsee	Sachtext / Steckbrief	88
Bernstein – das Gold der Ostsee	Konjunktion „wenn“	89
Die „h-Regel“	Stummes h	90
Die „h-Regel“	Stummes h	91
Fabeln	Fabel	92
Aufbau einer Fabel	Fabel: Aufbau	93
Tiere mit menschlichen Eigenschaften	Fabel: Eigenschaften der Tiere	94
Die Lerche und der Frosch	Fabel schreiben	95

Texte verstehen · Mündliches Sprachhandeln · Schriftliches Sprachhandeln · Sprache untersuchen · Richtig schreiben

Inhalt

Orte – nah und fern

Orte – nah und fern: Eine Reise durch Europa	Gesprächsanlass: Sehenswürdigkeiten in Europa	96
Orte – nah und fern: Eine Reise durch Europa	Gesprächsanlass: Sehenswürdigkeiten in Europa	97
Europa und der Stier	Sage	98
Ein Brief an den Europaabgeordneten	Höflichkeitsform	99
Ein Land in Europa	Informationen gewinnen / Steckbrief	100
Ein Lernplakat gestalten	Lernplakat	101
Deutschland	Konjunktionen	102
Deutsch: Eine Sprache – viele Mundarten	Mundarten	103
Eine Stadt in Deutschland	Diskontinuierliche Texte lesen und verstehen / Lernplakat	104
Eine Stadt in Deutschland	Perfekt / Präteritum / Großschreibung / Satzzeichen	105
Das Verb in verschiedenen Positionen im Satz	Substantiviertes Verb	106
Dachbodenluft schmeckt anders	Substantiviertes Verb	107

Medien

Medien	Gesprächsanlass: Erinnerungen an Grundschulzeit	108
Klassenzeitung: Eine Mindmap erstellen	Mindmap	109
Klassenzeitung: Arbeitsplan	Arbeitsplan	110
Klassenzeitung: Gestalten mit dem Computer	Textgestaltung mit PC	111
Klassenzeitung: Letzte Arbeitsschritte	Reihenfolge der Arbeitsschritte festlegen	112
Die fertige Klassenzeitung	Layout	113
Werbung	Werbeplakat untersuchen	114
Ein Werbeplakat gestalten	Sprache in der Werbung / Werbeplakat gestalten	115
Werbung: Pro und Kontra	Konjunktion „weil“	116
In der Werbeagentur	Textverständnis	117

Jahreszeiten

Frühling		
Jahreszeiten – Frühling	Lied / Haiku	118
Maibräuche	Gesprächsanlass: Maibräuche	119
Muttertag	Textverständnis	120
Wildkräuter	Textverständnis	121
Sommer		
Jahreszeiten – Sommer	Lied / Sommer-ABC	122
Die Sonne	Textverständnis	123
Ein Wachsgedicht schreiben	Wachsgedicht / Textverständnis	124
Sommer – lecker und lustig	Textverständnis / Lied	125
Herbst		
Jahreszeiten – Herbst	Lied / Rätsel	126
Herbstmädchen	Tanka / Textverständnis	127
Ein Naturschauspiel	Textverständnis	128
Rund um den Apfel	Textverständnis	129
Winter		
Jahreszeiten – Winter	Lied / Akrostichon	130
Vogelfütterung	Textverständnis	131
Einen Holzscheitengel basteln	Textverständnis	132
Glückssymbole zum Jahreswechsel	Textverständnis	133

Werkstatt

Werkstatt	Nomen	134
Werkstatt	Nomen	135
Werkstatt	Verben	136

● Texte verstehen ● Mündliches Sprachhandeln ● Schriftliches Sprachhandeln ● Sprache untersuchen ● Richtig schreiben

Inhalt

● ●	Werkstatt	Verben und ihre Zeitformen	137
● ●	Werkstatt	Verben und ihre Zeitformen	138
● ●	Werkstatt	Adjektive	139
● ●	Werkstatt	Adjektive	140
● ● ●	Werkstatt	Pronomen	141
● ●	Werkstatt	Präpositionen	142
● ●	Werkstatt	Satzarten	143
● ●	Werkstatt	Satzarten	144
● ●	Werkstatt	Die vier Fälle des Nomens	145
● ●	Werkstatt	Satzglieder: Prädikat und Subjekt	146
● ●	Werkstatt	Satzglieder: Dativ- und Akkusativobjekt	147
● ●	Werkstatt	Satzglieder: Orts- und Zeitangaben	148
● ●	Werkstatt	Das Verb in verschiedenen Positionen im Satz	149
● ●	Werkstatt	Wörtliche Rede und Redebegleitsatz	150
●	Werkstatt	Verlängern: Auslautverhärtung	151
●	Werkstatt	Verlängern: Doppelkonsonanten am Wortende	152
●	Werkstatt	Ableiten: ä oder e, äu oder eu	153
● ● ●	Werkstatt	Verben mit zwei Wortstämmen	154
● ●	Werkstatt	h-Regel	155
●	Werkstatt	i oder ie?	156
●	Werkstatt	Die Doppelvokale aa, ee, oo	157

● Texte verstehen ● Mündliches Sprachhandeln ● Schriftliches Sprachhandeln ● Sprache untersuchen ● Richtig schreiben

Wortkarten – Beilage 158

Lernen mit den Wortkarten: Einzel-, Partner- und Gruppenarbeit 159

Bild- / Lied- / Textquellenverzeichnis 160

Übersicht der Themenbereiche im Lesebuch und Sprachbuch 161

Wichtige Elemente im Sprachbuch

Die Schatztruhe

In der Schatztruhe befinden sich Regeln oder die Erklärung wichtiger Begriffe. Diese wertvollen Schätze sind gesammelt in der Werkstatt auf den Seiten 134 bis 157.

Der Methodenkoffer

Der Methodenkoffer beschreibt verschiedene Methoden zur Erarbeitung eines Themas oder zur Lösung eines Rechtschreibproblems.

Die Wortkartei

In der Wortkartei stehen besonders wichtige oder häufig vorkommende Wörter, die zum Teil besondere Rechtschreibschwierigkeiten oder grammatikalische Besonderheiten enthalten. Hier gilt: sehen, genau betrachten, abschreiben. Alle Wörter aus den Wortkarteien befinden sich auf den Wortkarten (Beilage).

Wir übernehmen mehr Verantwortung

Am Schulleben beteiligen sich viele Menschen, alle sollen sich wohlfühlen. Jeder einzelne kann dazu etwas beitragen, indem er Aufgaben übernimmt.

1. Wer ist am Schulleben beteiligt? Erzählt.
2. Welche Aufgaben haben die Personen?
3. Schreibe die Aufgaben so auf:

Aufgabenverteilung in der Schule

Der Hausmeister: Er ist für die Technik im Haus verantwortlich und kümmert sich um Reparaturen.

Die Schülerinnen und Schüler der Klasse 4 c sprechen darüber, welche neuen Aufgaben sie übernehmen können.

4. Welche Aufgaben habt ihr bereits übernommen? Welche Aufgaben könnt ihr noch übernehmen? Macht Vorschläge.
5. Überlegt euch in Gruppenarbeit, wie ihr diese Vorschläge umsetzen könnt. Notiert euch dazu Stichwörter.
6. Stellt der Klasse eure Ergebnisse vor.
7. Welche Aufgaben wollt ihr in eurer Klasse übernehmen? Erstellt eine Hitliste.

Hitliste

1. Klassenrat 𝍸 II
2. Klassendienste 𝍸 I
3. Streitschlichter IIII
4. Patenschaft IIII
5. ...

Vom Streiten ...

1. Lest den Comic und sprecht darüber.
2. Wie beginnt der Streit zwischen Sandra und Lea? Wie setzt er sich fort?
3. Wie verhalten sich die Mitschüler?
4. Wie könnte die Geschichte weitergehen? Finde verschiedene Möglichkeiten und schreibe sie auf.
5. Hast du bereits ähnliche Situationen erlebt? Schreibe sie auf.

... und Schlichten

Malte hat aufgeschrieben, wie der Streit zwischen Lea und Sandra geschlichtet werden kann.

Der Klassensprecher holt einen Streitschlichter ins Klassenzimmer. Zuerst stellt er sich Lea und Sandra vor. Unparteiisch hört er zu, wie jede den Streit aus ihrer Sicht erzählt. Dabei achtet er auf die Einhaltung der Gesprächsregeln. Nun sucht der Streitschlichter mit beiden nach Lösungsvorschlägen. Sie einigen sich, an einem Gruppentisch zu sitzen. Diese Vereinbarung schreibt der Streitschlichter auf. Beide unterschreiben den Schlichtungsvertrag und stimmen damit der Lösung zu.

1. Lies den Text.
2. Welche Aufgaben hat der Streitschlichter? Schreibe so:

   Aufgaben des Streitschlichters

   - Er stellt sich den streitenden Kindern vor.
   - Er ...
3. Suche im Text alle zusammengesetzten Nomen. Schreibe jedes Nomen nur ein Mal. Schreibe so:

   der Klassensprecher: die Klasse – der Sprecher
4. Bilde mit den Wörtern der passenden Puzzleteile zusammengesetzte Nomen. Beachte das Verbindungs-s. Schreibe so:

   das Gespräch – die Führung: die Gesprächsführung

Streitschlichter

Ein Schlichter ist eine neutrale Person.

Er versucht, einen Streit gewaltlos durch ein Gespräch zu lösen.

Gespräch, Konflikt, Rollen, Schlichtung, Hand, Versöhnung, Reihen, Stand, Unschuld, Streit

Gespräch, Situation, Lamm, Führung, Schlag, Hähne, Punkt, Folge, Spiel, Gespräch

Ein guter Streitschlichter

Die Schülerinnen und Schüler der Klasse 4 c haben Eigenschaften gesammelt, die ein guter Streitschlichter haben soll.

Eigenschaften des Streitschlichters

ruhig	aufmerksam	freundlich	fähig
unparteiisch	nachsichtig	diplomatisch	höflich
sorgsam	achtsam	verantwortlich	kritisch

-ig, -lich, -isch, -sam

Mit den Endungen -ig, -lich, -isch und -sam können aus Nomen und Verben Adjektive gebildet werden:

die Ruhe – ruh**ig**
der Freund – freund**lich**
die Kritik – krit**isch**
die Furcht – furcht**sam**
rutschen – rutsch**ig**
erfreuen – erfreu**lich**
zanken – zänk**isch**
wachen – wach**sam**

verantwortlich
trotzig
mühsam
ängstlich
tückisch
auffällig
wählerisch
bekömmlich
biegsam

1. Schreibe die Adjektive von der Tafel in die Tabelle:

-ig	-lich	-isch	-sam
ruhig	...		

2. Finde weitere Eigenschaften, die ein guter Streitschlichter haben soll und trage sie in die Tabelle ein.
3. Bilde aus den Nomen Adjektive mit den Endungen -ig, -lich, -sam oder -isch. Schreibe so:

die Furcht – furchtsam

Furcht, Trotz, Wunder, Gewalt, Spott, Rat, Witz, Automat, Mühe, Laune, Ärger, Friede, Spaß, Tag, Sturm, Schrift, Angst, Tücke, Freude

4. Verwandle die Verben in Adjektive mit den Endungen -ig, -lich, -sam oder -isch. Schreibe so:

sparen – sparsam

sparen, regnen, schweigen, beachten, rutschen, auffallen, wählen, bekommen, wachen, knacken, zanken, durchlassen, nachdenken, folgen, misstrauen, zittern, erfreuen, murren, biegen

Muss Streit sein?

Streiten muss sein

Streiten muss sein! Nein, nein!
Streiten macht frei! Es ist bloß Geschrei!
Streiten tut gut! Es steigert die Wut!
Streiten macht Spaß! Es erzeugt Hass!
Streiten ist fein! Streit ist gemein!
Und was machen die beiden?
Sie streiten!

Irmela Drender

1. Lest das Gedicht.
   Wie viele Personen sprechen in dem Gedicht?
2. Spielt das Gedicht mit verteilten Rollen.
3. Karin und Timo spielen die Streitenden, Sara und Lukas die Beobachter. Schreibe das Gespräch mit Redebegleitsatz und wörtlicher Rede auf. Verwende dazu die Verben aus der Wolke. Schreibe so:

   Streiten muss sein

   Karin behauptet: „Streiten muss sein!"
   Timo ...

4. Übt den folgenden Text als Partnerdiktat:

Streit auf dem Schulhof

Fröhlich stürmen die Kinder in der Pause nach draußen. Die Jungen schnappen sich den Ball und kicken. Auch Lisa spielt mit, obwohl sie etwas ängstlich ist. Timo schießt den Ball mit voller Wucht und trifft Lukas am Bauch. Ärgerlich schreit er: „Kannst du nicht aufpassen?" Spöttisch lacht Timo: „Sei bloß nicht so wehleidig!" Lisa meint kritisch: „Das war aber ein harter Schuss!" Jetzt baut sich Timo drohend vor Lisa auf. Da ist die Pause zum Glück vorbei. Die Kinder gehen ins Klassenzimmer zurück. Gemeinsam beschließen sie, einen Streitschlichter zu holen.

behaupten
verneinen
auftrumpfen
widersprechen
bekräftigen
entgegnen
sich freuen
feststellen
sich brüsten
entgegenschleudern
fragen
feststellen

bekräftigen
behaupten
fröhlich
draußen
obwohl
wehleidig
jetzt

Konfliktlösung

Die Kinder der Klasse 4 c schreiben auf, was bei einer Streitschlichtung wichtig ist.

-ung, -heit, -keit, -nis

Aus Verben und Adjektiven können Nomen mit den Endungen -ung, -heit, -keit und -nis gebildet werden.

retten – Rettung
schön – Schönheit
flüssig – Flüssigkeit
ereignen – Ereignis

1. Schreibe die Nomen von den Kärtchen in die Tabelle:

-ung	-heit	-keit	-nis
die Lösung	...		

2. Finde weitere Nomen, die für eine Streitschlichtung wichtig sind, und trage sie in die Tabelle ein.

3. Bilde aus den Verben Nomen mit den Endungen -ung oder -nis. Schreibe so:

meinen: die Meinung – die Meinungen
ereignen: das Ereignis – die Ereignisse

meinen, ereignen, retten, verzeichnen, wagen, erklären, ärgern, binden, melden, erzeugen, prüfen, erleben, erklären, ergeben

4. Verwandle die Adjektive in Nomen mit den Endungen -heit oder -keit. Schreibe so:

flüssig – die Flüssigkeit
schön – die Schönheit

flüssig, schön, sparsam, freundlich, fröhlich, krank, bekannt, heiter, frech, gemein, gerecht, selten, klug, ehrlich

Ehrlichkeit
Verständnis
Ärgernis
Verzeihung
Freundlichkeit
Bekanntheit
Seltenheit

Die Geschichte von den klugen Eseln

1. Betrachtet die einzelnen Szenen und erzählt. Anhand der Symbole (Stern …) könnt ihr die Szenen benennen.
2. Ordnet die Szenen den Überschriften aus der Wolke zu.
3. Schreibe die Überschriften geordnet auf. Schreibe so:

   Die klugen Esel

   1. ...
4. Schreibe die Geschichte.
5. Stellt eure Geschichten in der Schreibkonferenz an folgenden Stationen vor:

Das kurze Seil
Streit
Nachdenken
Die hungrigen Esel
Gemeinsam zum Ziel

Ist die Geschichte durchgehend im Präteritum geschrieben?

Kommt wörtliche Rede vor? Werden Gedanken und Gefühle beschrieben?

Ist der Hauptteil folgerichtig aufgebaut? Was? Wie? Warum?

Werden in der Einleitung die Fragen Wer? Wann? Wo? berücksichtigt?

Ist der Schluss kurz? Stellt er eine zufriedenstellende Lösung für beide dar?

Eine Geschichte

besteht aus drei Teilen:
- Einleitung
- Hauptteil
- Schluss

Das Feuer

Hörst du, wie die Flammen flüstern,
Knicken, knacken, krachen, knistern,
Wie das Feuer rauscht und saust,
Brodelt, brutzelt, brennt und braust?

Siehst du, wie die Flammen lecken,
Züngeln und die Zunge blecken,
Wie das Feuer tanzt und zuckt,
Trockne Hölzer schlingt und schluckt?

Riechst du, wie die Flammen rauchen,
Brenzlig, brutzlig, brandig schmauchen,
Wie das Feuer, rot und schwarz,
Duftet, schmeckt nach Pech und Harz?

Fühlst du, wie die Flammen schwärmen,
Glut aushauchen, wohlig wärmen,
Wie das Feuer, flackrig-wild,
Dich in warme Wellen hüllt?

Hörst du, wie es leise knackt?
Siehst du, wie es matter flackt?
Riechst du, wie der Rauch verzieht?
Fühlst du, wie die Wärme flieht?

Kleiner wird der Feuersbraus:
Ein letztes Knistern,
Ein feines Flüstern,
Ein schwaches Züngeln,
Ein dünnes Ringeln –
Aus.

James Krüss

1. Lest das Gedicht
   und klärt die Begriffe, die ihr nicht versteht.
2. James Krüss spricht in seinem Gedicht die vier Sinne an:
   Hören, Sehen, Riechen und Fühlen.
   Bildet vier Gruppen.
   Schreibt jeweils einen der vier Sinne auf eine Karte und notiert darunter die passenden Begriffe aus dem Gedicht.
3. Stellt die ausgefüllten Sinneskarten der Klasse vor.
4. In der fünften und sechsten Strophe beschreibt James Krüss das Verlöschen des Feuers.
   Welche Veränderung könnt ihr am Ende des Gedichts wahrnehmen, wenn ihr euch rappend im Takt bewegt?
5. Lerne das Gedicht auswendig.
   Diese Reihenfolge hilft dir bei den Strophenanfängen:

6. Die Tipps am Rand erleichtern dir das Auswendiglernen.
7. Spielt das Gedicht mit Tüchern und Gegenständen.

Tipp 1:
Lerne schrittweise

Beginne mit dem ersten Vers, nimm dann den zweiten usw.

Tipp 2:
Lerne laut

Lies dir jeden Vers laut vor und wiederhole ihn dann ebenfalls laut.

Tipp 3:
Lerne mit Wiederholungen

Wiederhole nach der zweiten Strophe die erste, bevor du mit der dritten beginnst.

z oder tz, k oder ck?

1. Sprecht über die Erklärungen der beiden Kinder.
2. Überlege, ob du k oder ck einsetzen musst, und schreibe die Wörter.

Bir_e | Bö_e | Zir_el | tan_en | Za_e
schmin_en | bli_en | we_en | wel_en
Im_er | Plan_e | pa_en | win_en
Flo_e | bü_en | So_e | blin_en

flackern
schmutzig
schmunzeln
blinzeln
schwarz

3. Überlege, ob du z oder tz einsetzen musst, und schreibe die Wörter.

bru_eln | we_en | Wan_e | Ka_e
Lan_e | har_ig | schmu_ig | schma_en
win_ig | anschwär_en | pla_en | grun_en
schmun_eln | Wi_e | blin_eln | Schan_e

4. Schreibe den Text ab und ergänze k oder ck, z oder tz.

Das Lagerfeuer

Die Pfadfinder si_en um das Lagerfeuer. Sie ste_en Würstchen auf angespi_te Stö_e und bru_eln sie in der Hi_e. Sie drehen die Stö_e, damit die Würstchen nicht schwar_ werden. So schme_en sie le_er. Als es dun_el wird, kriechen sie müde in ihre Schlafsä_e.

Berge, die Feuer speien

Vulkane sind die meiste Zeit friedlich und ruhig. Werden sie aktiv, kann es aber zu explosiven und zerstörerischen Ausbrüchen kommen.

1. Finde in jedem Satz Subjekt und Prädikat und trage sie in die Tabelle ein.

Subjekt Wer oder Was?	Prädikat Was tut ...? Was tun ...?
giftige Gase	entweichen
...	

Subjekt – Prädikat

Durch die Frage „Wer oder was?“ findest du das **Subjekt**, durch die Fragen „Was tut …?“ oder „Was tun …?“ findest du das **Prädikat**.

Ein Vulkanausbruch und seine Folgen

Der Vulkan schleudert bei seinem Ausbruch feurige Massen in die Höhe. Die mörderische Hitze zerstört nahezu alles. Sie tötet Menschen und Tiere. Asche und Lava bedecken die Erde. Im Laufe der Zeit verwittert die erkaltete Lava und düngt den Boden. Deshalb siedeln sich dort Menschen an und betreiben Ackerbau.

2. Schreibe den Text ab.
Unterstreiche die Subjekte gelb, die Prädikate grün.

Vulkan
zäh
Lava
siedeln

Wen- oder Was-Ergänzung

In Deutschland ist seit über 10 000 Jahren kein Vulkan mehr ausgebrochen. Hanna erzählt, wie sie und ihre Eltern dennoch von den Folgen eines Vulkanausbruchs betroffen waren:

Meine Eltern und ich wollten von Frankfurt nach Berlin fliegen. Doch seit Stunden warteten wir auf den Abflug. Die Wartehalle war brechend voll. Endlich ertönte die Durchsage, dass alle Flüge gestrichen wurden, weil die Aschewolke eines isländischen Vulkans den europäischen Kontinent erreicht hat. Deshalb hat die Flugsicherheitsbehörde den Luftraum gesperrt. Enttäuscht fuhren wir wieder nach Hause. Wir werden den Flug irgendwann nachholen.

1. Lest den Text. Warum hat die Flugsicherheitsbehörde den Luftraum gesperrt?

Wen- oder Was-Ergänzung

In den meisten Sätzen gibt es außer dem Subjekt und dem Prädikat noch Ergänzungen (Objekte). Die Wen- oder Was-Ergänzung (Akkusativobjekt) finden wir auf die Frage: „Wen oder was …?"

2. Frage nach der Wen- oder Was-Ergänzung und schreibe so:

Wen oder was erreicht die Aschewolke?

Die Aschewolke erreicht den europäischen Kontinent.

Wen oder was …

Vulkanausbruch und Flugsicherheit

Nach einem Vulkanausbruch sperren die Flugsicherheitsbehörden den Luftraum, wenn sich riesige Aschemengen in einer bestimmten Höhe der Atmosphäre befinden und die Flugzeuge gefährden.

die Staubteilchen | die Triebwerke | beschädigen

diese Schäden | verursachen | Triebwerksausfälle

zerkratzen | die Cockpitscheiben | die Staubteilchen

Kratzer und Staubteilchen | die Sicht | behindern

die Geschwindigkeitsmessfühler | beschädigen | die Staubteilchen

1. Bilde richtige Sätze und stelle die Frage nach der Wen- oder Was-Ergänzung. Schreibe so:

   Wen oder was beschädigen die Staubteilchen?

   Die Staubteilchen beschädigen die Triebwerke.

Mögliche Folgen eines Vulkanausbruchs

Riesige Aschewolken beeinflussen das Wetter in dem betroffenen Gebiet monatelang. Sie verändern die Windströmungen. Aufsteigende Aschewolken verdunkeln die Sonne und senken die Temperaturen. Die Staubteilchen binden die Luftfeuchtigkeit. So verursacht die Aschewolke regenreiche, kalte Sommer und strenge Winter.

2. Lest den Text. Welche Folgen kann ein Vulkanausbruch haben? Erzählt.
3. Schreibe den Text ab. Unterstreiche die Subjekte gelb und die Prädikate grün. Frage dann nach den Wen- oder Was-Ergänzungen (Akkusativobjekt) und unterstreiche sie blau.

Staub
Flugzeug
Triebwerk
beschädigen
zerkratzen
beeinflussen
verändern

Reise in die Steinzeit

Die Klasse 4 c besucht eine Ausstellung zur Steinzeit.
Die Museumsführerin erzählt, wie Steinzeitmenschen das Feuer für sich nutzten.

„Die Steinzeitmenschen sind dem Feuer durch Naturgewalten wie Blitzeinschläge, Vulkanausbrüche oder Waldbrände begegnet. Nach und nach haben sie gelernt, das Feuer zu beherrschen und vielfältig zu nutzen: In hohlen Baumstämmen oder Knochen haben sie die Glut zu ihren Lagerstätten transportiert. Über Feuerstellen haben sie ihre Nahrung zubereitet. Durch das Licht und die Wärme sind ihre dunklen und kalten Höhlen behaglicher geworden. Wilde Tiere haben sie mit Fackeln abgewehrt. Der Verlust einer Feuerstelle ist ein großes Unglück gewesen und hat oft den Tod der ganzen Gruppe zur Folge gehabt. Deshalb haben sie das Feuer wie einen Schatz bewacht."

Vergangenheit

Die **zusammengesetzte Vergangenheit (Perfekt)** wird beim Sprechen benutzt:

- sie haben kennengelernt
- sie sind gekommen

Beim Schreiben wird die **einfache Vergangenheit (Präteritum)** verwendet:

- ich lernte kennen
- ich kam

1. Warum war das Feuer für die Steinzeitmenschen so wichtig? Schreibe die Gründe in Form von Stichworten auf.
2. Die Museumsführerin erzählt in der zusammengesetzten Vergangenheit (Perfekt).
   Schreibe die Verben auf und setze sie in die einfache Vergangenheit (Präteritum):

   sie sind begegnet – sie begegneten
3. Schreibe den Text in der einfachen Vergangenheit auf.

Feuer machen in der Steinzeit

Die Menschen in der Steinzeit mussten viele Erfahrungen machen, bis sie in der Lage waren, zu jeder Zeit und überall Feuer zu entfachen. Sie schlugen einen eisenhaltigen Stein gegen einen Feuerstein. Dabei sprühten Funken. Wenn diese auf trockenen Zunder, z. B. Baumpilze, Holzspäne oder Gras fielen, begann es zu glimmen.
Durch vorsichtiges Pusten züngelten kleine Flammen empor. Nun musste trockenes Brennmaterial nachgelegt werden, damit das Feuer Nahrung bekam und aufloderte.

1. Lest den Text. Welche Materialien benutzten die Steinzeitmenschen, um Feuer zu machen?
2. Finde im Text vier Ausdrücke, die zum Wortfeld „brennen“ gehören und schreibe sie auf.

brennen — Funken sprühen

3. Finde weitere Wörter für das Wortfeld „brennen“.

Wortfeld

Wörter, die etwas Ähnliches bedeuten, gehören zu einem Wortfeld.

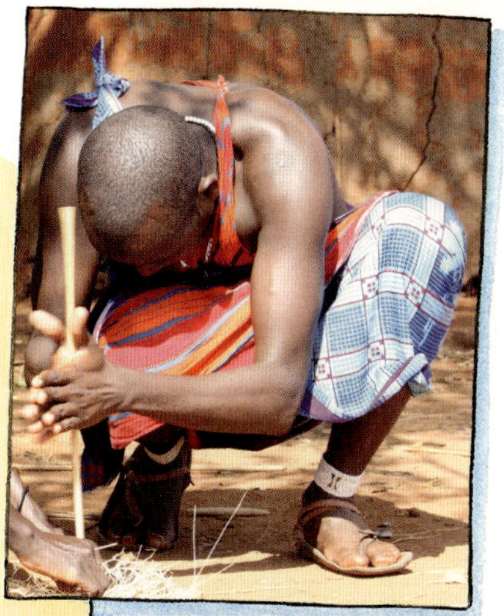

Feuersäge und Feuerbohrer

Wie in der Steinzeit entfachen auch heute noch viele Naturvölker Feuer durch Reibung. Bei der Feuersäge ziehen sie eine Schnur aus Pflanzenfasern schnell unter einem trockenen Ast hin und her. Durch Reibung entzündet sich der feine Holzstaub, der Zunder fängt Feuer. Ein geübter Einheimischer benötigt dafür 50 bis 60 Sekunden. Eine weitere Möglichkeit ist der Feuerbohrer. Ein einfacher Holzstab wird senkrecht auf ein Stück Holz gestellt und mit gleichmäßig kreisenden Bewegungen zwischen den Händen gedreht, bis der Holzabrieb schließlich anfängt zu glühen.

Erfahrung
Feuerbohrer
Naturvolk
gleichmäßig
Holzabrieb
schließlich

4. Übe den Text als Schleichdiktat.

Experimente mit Feuer – das Löschboot

Versuchsbeschreibung

Eine Versuchsbeschreibung ist die Voraussetzung dafür, einen Versuch zu wiederholen und seine Ergebnisse zu überprüfen.

Jeder Schritt und jede Beobachtung wird genau, sachlich und knapp beschrieben. Dabei muss die richtige Reihenfolge beachtet werden.

Die Klasse 4 c experimentiert mit Feuer.
Jede Gruppe fertigt eine Versuchsbeschreibung an und stellt den Versuch der Klasse vor.

Sicherheitshinweis:

Mache Versuche mit Feuer nur, wenn Erwachsene im Zimmer sind! Stelle stets einen Eimer Wasser bereit.

1. Erzählt zum Bild. Was wollen die Kinder herausfinden?
2. Führt das Experiment selbst durch. Überlegt genau, wie ihr vorgehen wollt.
3. Fertige eine ausführliche Versuchsbeschreibung an. Ordne die Textabschnitte richtig zu.

Das Papierboot fängt Feuer, weil Papier ein brennbares Material ist.

Das Löschboot

ein gefaltetes Papierboot, ein Teelicht, eine feuerfeste Unterlage, zwei Greifzangen, Wasser und Streichhölzer

Zuerst falte ich ein Papierboot. Nun stelle ich ein Teelicht auf die feuerfeste Unterlage und zünde es an. Danach fülle ich das Papierboot mit Wasser und halte es mit den Zangen in die Flamme.

Das Wasser durchtränkt das Papier des Bootes. Deshalb wird es nicht so heiß, dass es brennen kann.

Das Papier des Bootes färbt sich schwarz.
Das Papierboot brennt nicht.

Brennt ein Papierboot, das mit Wasser gefüllt ist?

Versuchsbeschreibung zum Thema ...

Frage: ...

Material: ...

Vermutung: ...

Durchführung: ...

Beobachtung und Ergebnis: ...

Erklärung: ...

Der Flammensprung: Was brennt an einer Kerze?

1. Führe den Versuch durch. Was passiert, wenn du das brennende Streichholz in den hellen Rauch hältst?
2. Beschreibe den Versuch.
   Achte auf eine vollständige Materialliste und eine genaue Beschreibung der Durchführung.
3. Überprüft die Versuchsbeschreibungen in der Schreibkonferenz.

Welche Erklärung stimmt?

- Der Wachsdampf ist der brennbare Stoff.
- Die Alufolie wirft die Flamme zurück.

Sprichwörter rund ums Feuer

Jemand gießt Öl ins Feuer.

Sie waren Feuer und Flamme.

Er legt die Hand für seinen Freund ins Feuer.

Ein gebranntes Kind scheut das Feuer.

Für einen anderen durchs Feuer gehen.

Er ist mit Feuereifer dabei.

Wer einmal einen Schaden erlitten hat, ist vorsichtig.

Etwas noch schlimmer machen.

Alles für den anderen tun.

Er setzt sich sehr für eine Sache ein.

Volles Vertrauen zu seinem Freund haben.

Sie waren restlos begeistert.

4. Ordne die Erklärungen den Sprichwörtern zu und schreibe so:
   Jemand gießt Öl ins Feuer. – Etwas noch schlimmer machen.
5. Kennst du weitere Sprichwörter rund ums Feuer? Kannst du sie erklären?

Manchmal fühle ich mich – Gefühle sind wie Farben

Wenn du dich einsam fühlst und so ganz allein, ...

Kannst du froh und glücklich sein, ...

Wenn du zornig bist und voller Wut, ...

Wenn du verliebt bist und kriegst einen Kuss, ...

1

2

3

4

... ist alles golden wie Sonnenschein.

... ist alles grau wie ein Tag ohne Sonnenschein.

... ist alles rosarot wie eine Torte mit Zuckerguss.

... ist alles rot wie im Ofen die Glut.

1. Erzählt zu den Bildern: Wie fühlen sich die Kinder?
2. Immer zwei Verse gehören zusammen. Ordnet die Verse, die sich reimen und zusammenpassen, einander zu und benennt die Gefühle und die passenden Farben.
3. Schreibe die Verse in der jeweiligen Farbe untereinander.

Gefühle sind wie Farben

Wenn du dich einsam fühlst und so ganz allein,
ist alles grau wie ein Tag ohne Sonnenschein.
Wenn du ...

4. Kennst du weitere Farben, die Gefühle ausdrücken können?

Gute Gefühle – schlechte Gefühle

Die Kinder der Klasse 4 c haben zu verschiedenen Gefühlen passende Situationen aufgeschrieben und ordnen sie an der Tafel.

1. In welchen Situationen habt ihr diese Gefühle erlebt?
2. Nennt weitere Gefühle. Wann habt ihr euch so gefühlt?
3. Finde zu jedem Gefühl in der Wolke ein Adjektiv und ein Verb.
   Schreibe so:

Nomen	Adjektiv	Verb
die Trauer	traurig	trauern

4. Wähle aus der Tabelle fünf Adjektive aus.
   Wie drückst du diese Gefühle aus? Schreibe so:

   Wenn ich wütend bin, stampfe ich mit dem Fuß auf.
   Wenn ich ...
5. Jeder reagiert anders.
   Vergleicht eure Reaktionen und sprecht darüber.

Trauer
Liebe
Angst
Ekel
Neid
Vertrauen
Freude
Wut
Glück
Schmerz
Hass

Fremd sein

In den Ferien …

Bosko war neu in der Reutergasse. Er stand hinter dem Tor und sah, wie die rote Mannschaft auf das Tor der grünen zustürmte. Die grüne Mannschaft verteidigte kaum noch und verließ sich ganz auf ihren Torwart. Bald war das Spiel zu Ende.
„Du – gut!“, sagte Bosko zum Torwart der grünen Mannschaft. Dieser bemerkte Boskos dunkles Haar und dessen dunklen Teint und fragte: „Türke?“
„Jugoslawe“, lächelte Bosko.
„Ach so! Jugo.“ „Ich – Bosko!“ Bosko tippte sich vor die Brust.
Weil Bosko gut Fußball spielen konnte, durfte er mitspielen.

Nach den Ferien …

In den Ferien hatte Bosko von seiner Freundin Deutsch gelernt. Er kam in dieselbe Klasse wie die Jungs aus der Reutergasse. Hier aber taten sie so, als wäre er ein Fremder. Niedergeschlagen fragte er sie: „Warum redet ihr in der Schule nicht mit mir? Warum wollt ihr mich nur zum Fußballspielen?“ „Weil du ein Jugo bist. Was sollen wir mit dir schon reden?“

1. Lest die beiden Texte.
2. Wie verhalten sich die Jungs auf dem Fußballplatz und wie im Klassenzimmer? Könnt ihr euch dieses Verhalten erklären?
3. Wie fühlt sich Bosko?
4. Wie sollte sich die Klasse eurer Meinung nach verhalten? Bildet Gruppen und schreibt eure Vorschläge auf.
5. Tauscht eure Vorschläge in der Klasse aus.
6. Habt ihr schon einmal im Fernsehen oder in der Zeitung von abweisendem Verhalten gegen Ausländer oder von Fremdenfeindlichkeit gehört? Erzählt.

verteidigen
Torwart
tippen
dieselbe
niedergeschlagen

Abtrennbare Vorsilben

1. Bilde mit den Vorsilben Verben und schreibe so:

   verlassen: er verlässt – er verließ – er hat verlassen

   ver- zer- be- ent- er-

   lassen setzen

Vorsilben

Vorsilben verändern die Bedeutung von Wörtern.

2. Setze die Vorsilben mit dem Verb geben zusammen und schreibe jeweils einen Satz:

   nachgeben: Er gibt nach.

   nach- ab- vor- weg- zu- an- ein- aus- mit-

Abtrennbare Vorsilben

Manche Vorsilben werden bei der Bildung der Personalformen abgetrennt.

Das fremde Mädchen

Gestern … kamen wir eine neue Mitschülerin. Als Frau Keller mit ihr das Klassenzimmer … trat, … stummten alle Schüler. Ängstlich blieb das Mädchen neben der Lehrerin stehen, die ihr … munternd … nickte und auf den leeren Platz neben mir zeigte. Unbehaglich rutschte ich etwas zur Seite, denn die Neue kam mir mit ihrer dunklen Hautfarbe und den bunten Kleidern so fremd vor. Da … zählte Frau Keller, dass Rania aus Libyen kommt und viel Schlimmes … lebt hat. Ihr Haus ist im Krieg … stört worden und ihr Vater und ihre Brüder werden … misst. Allmählich … griff ich, dass auch Rania hier in Deutschland alles fremd … kommen musste. Deshalb … schloss ich ihr zu helfen, sich bei uns … zugewöhnen.

verstummen
zunicken
unbehaglich
allmählich
sich gewöhnen

3. Im Text fehlen vor manchen Verben die Vorsilben. Ergänze sinnvoll und schreibe den Text ab.

Tom wird gemobbt

Tom ist neun Jahre alt. Er interessiert sich für Amphibien und kennt viele mit ihrem lateinischen Namen. Zu Hause hat er ein Wasserbecken im Garten platziert, in dem sich ein kleines Biotop entwickelt hat. Täglich inspiziert er es. Dies ist sein Lieblingsort, hier hat er Zeit zum Träumen.
Er liest gerne. Er ist ein höflicher und guter Schüler.
Manchmal ist er ungeschickt, dann kann er über sich selbst lachen. Tom lässt sich von anderen Kindern viel gefallen.
Alex drangsaliert Tom. In der Umkleidekabine tritt er ihm in den Bauch, im Vorbeigehen stößt er ihm die Faust in den Rücken.
Er schikaniert ihn, indem er seine Sachen versteckt, und blamiert ihn vor den anderen Kindern.
Alex rechtfertigt sich: „Er guckt so blöd!"

Mobbing

„Mobbing" stammt von dem englischen Wort „to mob" ab. Das bedeutet: über jemanden herfallen oder jemanden bedrängen. Von Mobbing spricht man, wenn jemand eine andere Person wiederholt und über längere Zeit herabsetzt und ausgrenzt.

Hier findet ihr ebenfalls Rat und Hilfe

Die „Nummer gegen Kummer" gilt in ganz Deutschland und ist kostenlos: 0800/1110333
Oder geht auf die Internetseite: http://mobbing-schluss-damit.de

1. Lest den Text.
2. Spielt im Rollenspiel die Situation nach.
3. Wie habt ihr euch als Tom und Alex gefühlt? Erzählt.
4. Was erfährst du über Tom? Schreibe so:
   Tom interessiert sich für Amphibien. ...
5. Wie verhält sich Alex? Schreibe die Verben heraus:
   drangsalieren, ...
6. Nehmt Stellung zu Alex' Äußerung: „Er guckt so blöd!"

Wendet euch sofort an eure Lehrerin, wenn ihr Mobbing in der Klasse beobachtet, denn: Wer nichts macht, macht mit!

Verben auf „-ieren“

fotografieren
kassieren
telefonieren
rasieren
frisieren
applaudieren
kontrollieren
platzieren
nummerieren
alarmieren
addieren
informieren
experimentieren
subtrahieren

1. Ordne den Verben auf „-ieren“ die passende Erklärung zu. Schreibe so:

   schikanieren: jemanden peinigen

2. Finde zu den Verben in der Wolke ein passendes Nomen:

   fotografieren – der Fotograf

3. Ersetze in den Textstreifen die markierten Wörter durch ein Verb mit „-ieren“:

   Der Polizist nimmt ein Protokoll auf.
   Der Polizist protokolliert.

Der Polizist nimmt ein Protokoll auf.

Das Pferd läuft im Galopp.

Die Clowns ziehen sich ein Kostüm an.

Die Klasse führt eine Diskussion.

Der Kapitän gibt ein Kommando.

Die Lehrerin fertigt eine Kopie an.

Der Arzt führt eine Operation durch.

Der Computerfachmann schreibt ein Programm.

Nachrichten geben uns viele Informationen.

Die Klasse führt ein Experiment durch.

Verben auf „-ieren“

Verben, die von Fremdwörtern abstammen, enden oft auf „-ieren“.

blamieren
applaudieren
protokollieren
diskutieren

„Nein“ zu sagen ist nicht immer leicht

Jakob hat einen neuen Cityroller bekommen. Im Schulhof wird er von seinen Freunden umringt.

1. Sprecht über die Situation auf dem Schulhof.
2. Habt ihr schon einmal eine Situation wie Jakob erlebt? Wie habt ihr euch entschieden? Erzählt.

Wem-Ergänzung

Die Wem-Ergänzung (Dativobjekt) finden wir auf die Frage: „**Wem** gehört der Roller?“

3. Frage nach der Wem-Ergänzung (Dativobjekt) und schreibe so:

   Wem gehört der Roller? Der Roller gehört Jakob.

Die Wem-Ergänzung (Dativobjekt)

erzählt | sein Erlebnis. | Jakob | seinen Eltern

ihm | Sie | aufmerksam | hören | zu.

erklärt | Er | ihnen, | warum | nein gesagt hat. | er

ihm | Die Eltern | stimmen | zu.

muss | seinen Freunden | nachgeben. | nicht immer | Jakob

1. Bilde richtige Sätze und stelle die Frage nach der Wem-Ergänzung (Dativobjekt). Schreibe so:

   Wem erzählt Jakob sein Erlebnis?
   Jakob erzählt ...

Ein übler Streich

Lena meldet sich häufig und hilft gerne anderen Kindern. Dieses Verhalten gefällt einigen Jungs in der Klasse nicht. Deshalb schlägt Tom vor: „Wir spielen Lena einen Streich. Ihr gehört das rote Fahrrad.“ Unbemerkt gehen sie zu Lenas Fahrrad und drehen die Ventile heraus. Jan hat die Jungs beobachtet und protestiert. Tom spottet: „Du bist wohl in Lena verliebt!“ Jan droht ihnen: „Das melde ich Frau Keller.“ Tom erwidert: „Das verzeihen wir dir nie.“ Verärgert wirft er Jan die Ventile vor die Füße. Jan setzt die Ventile ein und pumpt die Reifen von Lenas Fahrrad wieder auf.

nachgeben
häufig
Ventil
protestieren
drohen
erwidern
verzeihen
pumpen

2. Übt den Text als Partnerdiktat.
3. Unterstreicht jeweils das Subjekt gelb, das Prädikat grün, die Wem-Ergänzung (Dativobjekt) orange und die Wen- oder Was-Ergänzung (Akkusativobjekt) blau.

Durcheinander der Gefühle

- rotsehen
- in ein dunkles Loch fallen
- über das ganze Gesicht strahlen
- Tränen in die Augen schießen
- vor Wut platzen
- ein Stein vom Herzen fallen
- neuen Mut schöpfen
- am Boden zerstört sein
- mit der Faust auf den Tisch schlagen
- vor Freude die ganze Welt umarmen
- von einer Last befreit sein
- sich die Augen aus dem Kopf weinen
- vor Begeisterung einen Luftsprung machen
- vor Wut die Wände hochgehen
- vor Freude aus dem Häuschen sein
- vor Erleichterung zugleich lachen und weinen

1. Besprecht die Redensarten.
2. Ordne die Redensarten in einer Mindmap folgenden Oberbegriffen zu:

Lästereien

Am Boden zerstört kam Leonie nach Hause. Ihre Mutter sah schon von Weitem, dass etwas nicht stimmte. Leonie schimpfte: „Ich könnte vor Wut platzen!" Sogleich schossen ihr Tränen in die Augen. Ruhig nahm ihre Mutter sie in den Arm und meinte: „Erzähle!" Leonie schluchzte: „Lisa hat hinter meinem Rücken über mich gelästert, und ich habe ihr gesagt, sie soll damit aufhören." Die Mutter tröstete: „Weine dir nicht die Augen aus dem Kopf, das ist die Sache nicht wert. Du hast gut reagiert." Leonie schöpfte neuen Mut und langsam erholte sie sich von diesem Schreck.

3. Schreibe den Text ab und unterstreiche alle Redensarten.

So ein Schreck!

Am ganzen Körper zitternd kletterte Hanna an ihrem Seil den Abhang hinunter und nahm den schreckensbleichen Timo in die Arme. Langsam erholte sich Timo von seinem Schrecken.

1. Das ist der Schluss einer Geschichte.
   Sammelt in der Gruppe Ideen, was Hanna und Timo vorher erlebt haben könnten. Entwickelt dazu die Ideenspinne von außen nach innen.
2. Entscheide dich für eine Schreibidee und schreibe die Geschichte auf.

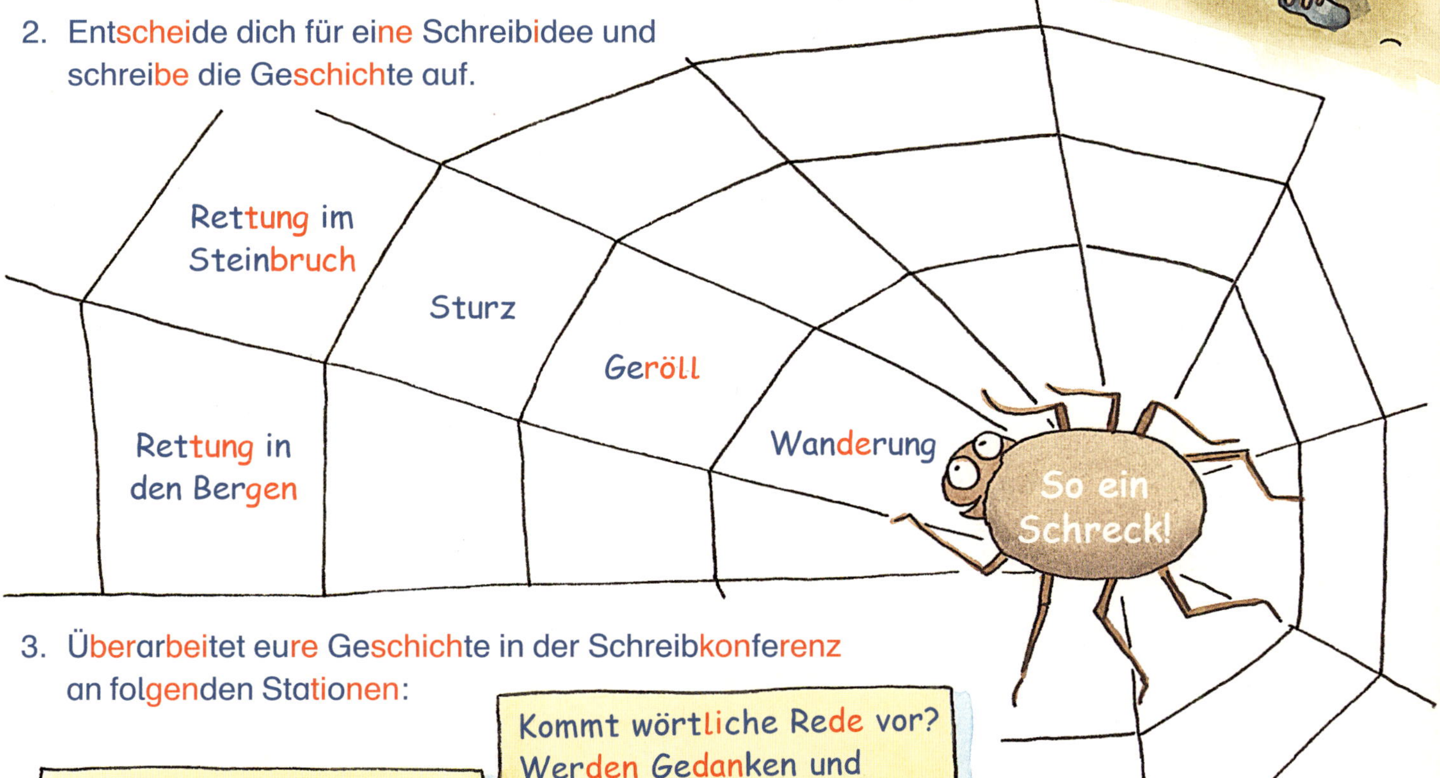

3. Überarbeitet eure Geschichte in der Schreibkonferenz an folgenden Stationen:

Kommen alle wichtigen Personen, Gegenstände und Umstände aus dem Schluss in der Geschichte vor?

Kommt wörtliche Rede vor? Werden Gedanken und Gefühle beschrieben?

Ist die Geschichte durchgehend im Präteritum geschrieben?

Sind in der Einleitung die Fragen „Wer? Wann? Wo?" und im Hauptteil die Fragen „Was? Wie? Warum?" beantwortet?

Ist die Geschichte folgerichtig erzählt?

Zeit der Burgen und Ritter

Legende

1. Torhaus mit Zugbrücke und Fallgatter
2. Wehrturm
3. Burgmauer
4. Wehrgang
5. Vorburg
6. Küchenhaus
7. Brunnen
8. Schmiede
9. Stallgebäude
10. Kräutergarten
11. Kernburg
12. Palas mit Kemenate, Rittersaal und Kapelle
13. Aborterker
14. Bergfried mit Wachraum, Waffenraum und Verlies

Stolz und kühn überragten die Burgen einst Wälder, Flüsse und Städte. Sie zogen alle Blicke auf sich. Die meisten Burgen wurden zwischen dem 9. und 16. Jahrhundert gebaut. Heute gibt es nur noch wenig vollständig erhaltene Burgen.

1. Habt ihr schon einmal eine Burg besichtigt? Erzählt.
2. Betrachtet die Burganlage und ordnet die Begriffe aus der Legende zu.

Das Wohngebäude des Burgherrn und seiner Familie war ein mehrgeschossiges Gebäude mit großen Fenstern und dem meisten Komfort.

In jedem Geschoss gab es mindestens einen Erker mit einem Plumpsklo („Heimliches Gemach"). Der Sitz bestand aus einer Stein- oder Holzplatte mit einem runden Loch.

Er war der höchste unbewohnte Turm der Burg. Bei einem Angriff war er der letzte Zufluchtsort für die Burgbewohner.

Der Kerker war ein fensterloser Kellerraum. Er war nur über das sogenannte Angstloch zu erreichen.

3. Finde zu diesen Beschreibungen die passenden Begriffe aus der Legende und schreibe so:

Kemenate:

Sie diente als …

Sie diente als Wohn- und Schlafraum und war oft der einzige beheizbare Raum in der ganzen Burg. Sie war der Privatraum der Familie des Burgherrn.

Auf der Ritterburg – Ortsangaben

Ortsangabe

Ortsangaben (adverbiale Bestimmung des Ortes) sind Satzglieder, die auf die Fragen „Wo ...?“, „Wohin ...?“, „Woher ...?“ antworten.

Eine Burg bestand aus vielen Gebäuden und Räumlichkeiten.

1. Bilde Sätze und stelle jeweils die Frage nach der Ortsangabe (adverbiale Bestimmung des Ortes). Schreibe so:

   Wohin führte die Zugbrücke?
   Die Zugbrücke führte in die Vorburg.
   Wo stand ...

Die Zugbrücke	führte	neben den Ställen.
Das Küchenhaus	stand	über dem Rittersaal.
Die Schmiede	war	an der inneren Burgmauer.
Die Kemenate	lag	in die Vorburg.
Das Verlies	befand sich	vor der inneren Burgmauer.
Der Garten	war	unter der Kemenate.
Der Rittersaal	lag	auf der Burgmauer.
Der Wehrgang	befand sich	im Bergfried.

Besuch auf der Burg

Die Soldaten halten auf dem Wehrgang Wache. Ritter Gerold reitet in die Vorburg. Er kommt von der Nachbarburg und will den Burgherrn besuchen. Ein Wachsoldat steht am inneren Burgtor und lässt ihn passieren. Burgherr Walther begrüßt Ritter Gerold freundlich vor dem Palas. Er lädt den Besucher in den Rittersaal ein. Burgherrin Gundis eilt aus der Kemenate herbei und heißt Gerold ebenfalls willkommen.

Rittersaal
Schmiede
Verlies
Wehrgang
einladen
ebenfalls

2. Schreibe den Text ab und unterstreiche die Ortsangaben (die adverbialen Bestimmungen des Ortes) lila.
3. Stelle die Sätze aus Aufgabe 2 um. Beginne immer mit der Ortsangabe (mit der adverbialen Bestimmung des Ortes):

   Auf dem Wehrgang halten ...

Ein Fest auf der Burg

Das Leben auf einer Burg war hart und entbehrungsreich. Deshalb waren Feste eine willkommene Abwechslung.

Ein Fest für Ritter Gerold

Burgherr Walther veranstaltet ein Fest zu Ehren des Ritters Gerold. Dieser sitzt an der geschmückten Tafel neben . Der Mundschenk eilt den Rittersaal und füllt zuerst Wein den Becher. Nun stellt ein Page dampfende Speisen Schüsseln vor ab. Der Festschmaus beginnt. Musikanten spielen Saal auf. Walther prostet seinem Gast zu und fragt : „Sollen nun die Gaukler kommen?“ Gerold nickt erwartungsvoll zu. Die Gaukler führen ihre Kunststücke vor. Plötzlich herrscht Stille Saal. Ein Tanzbär erscheint. Die Ritter beobachten gespannt. Was für ein prächtiges Fest!

1. Suche dir einen Partner. Lest den Text und überlegt, an welchen Stellen ihr Gerold, Walther, Tanzbär, in oder im einsetzen könnt.
2. Schreibe den Text ab und ergänze ihn oder in, ihm oder im.
3. Gaukler waren auf Festen gern gesehene Unterhaltungskünstler. Nennt Gründe dafür.
4. Welche Personengruppen gehörten zu den Gauklern? Informiert euch in Sachbüchern oder im Internet.

ihn oder in, ihm oder im?

Wir schreiben ihn und ihm, wenn wir eine Person oder Sache einsetzen können:

Gerold sitzt neben **ihm** (Walther).

Sie beobachten **ihn** (den Tanzbären).

b oder p, d oder t, g oder k?

Erziehung zum Ritter

Bis zum Alter von sieben Jahren blie_ der erstgeborene Sohn bei seiner Mutter, der Bur_herrin . Unbeschwer_ konnte er mit seinen Geschwistern spielen. Als Spielzeu_ dienten ein Steckenpfer_, Kreisel und ein Holzschwer_. Danach musste er von seiner Familie Abschie_ nehmen. Zur weiteren Erziehung kam der Junge auf eine andere Bur_. Als Page lernte er schwimmen, mit verschiedenen Waffen zu kämpfen und sich seinem Stand entsprechen_ zu benehmen. Besonders wichti_ waren der Umgang mit Pfer_ und Schwer_.
Mit etwa 14 Jahren wurde er Knappe. Nun begleitete er seinen Herrn auf die Jag_ und auf Turniere. Vor Beginn einer Schlach_ stellte er seinem Herrn die Waffen bereit und brachte ihm Helm und Schil_.

b oder p, d oder t, g oder k?

Die richtige Schreibweise am Ende eines Wortes (Auslaut) findest du durch Verlängern.

1. Welche Buchstaben fehlen? Schreibe den Text richtig. Verlängern hilft dir dabei.
2. Setze die richtigen Buchstaben ein. Schreibe so:
   der mächtige Herrscher – Der Herrscher ist mächtig.

Der Herrscher ist mächti_.	Der Junge ist muti_.
Die Ritterfamilie ist adli_.	Die Ausbildung ist har_.
Der Herzog ist freigiebi_.	Der Fürst ist gnädi_.

3. Welcher Buchstabe fehlt? Verlängere und schreibe so:
   die Herzöge – der Herzog

Herzo_	Wal_	Ta_	Gebo_	Schla_
Pflich_	Krie_	Köni_	Lan_	Fel_
Die_	Gewan_	Rittergu_	Bur_	Kor_

4. Bilde die er-Form und schreibe einen Satz im Präteritum:
   üben – Der Knappe übte für das Turnier.

üben	leben	loben	wagen	legen
weben	jagen	erheben	fegen	toben

Erziehung
Abschied
benehmen
Jagd
Turnier
adlig
freigiebig
Krieg
Gewand

Aufnahme in den Ritterstand

Die Schwertleite

Mit etwa 21 Jahren wurde der Knappe in den Ritterstand erhoben. Diese Zeremonie hieß Schwertleite und hatte einen genau festgelegten Ablauf. Am Vortag nahm der angehende Ritter ein Bad. Danach zog er eine Mönchskutte an und wurde in die Kirche geleitet, wo er die ganze Nacht betend vor dem Altar verbrachte. Nach einer Messe im Morgengrauen tauschte er die Kutte gegen ein rotes Gewand. Dann übergab ihm der ranghöchste Ritter die Sporen und legte ihm feierlich den Gürtel mit dem Schwert um. Dieses wurde anschließend während eines Gottesdienstes geweiht. Ein fröhliches Fest beendete die Zeremonie der Schwertleite.

1. Eine Zeremonie ist eine Feier mit genau festgelegtem Ablauf. Schreibe den Ablauf der Schwertleite stichwortartig auf.
2. Übe den Text als Schleichdiktat.

Der Ritterschlag

Während des 14. Jahrhunderts wurde die Schwertleite durch den Ritterschlag ersetzt. Die Worte, die zum Ritterschlag gesprochen wurden, stellten die Tugenden dar, nach denen der Ritter sein Leben gestalten sollte:

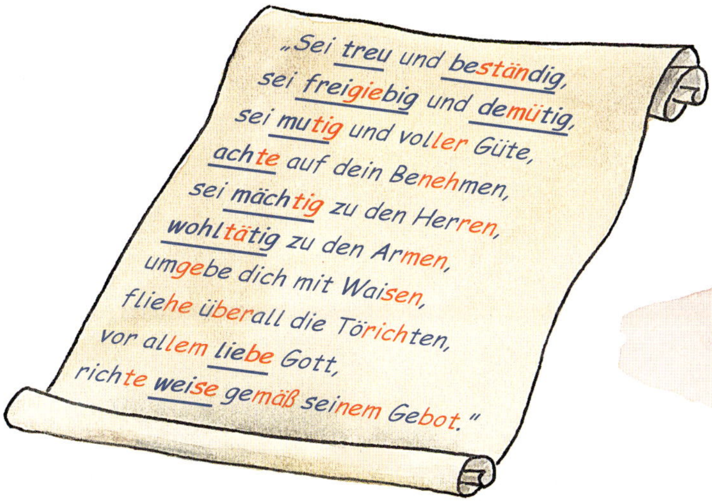

3. Lest den Text und klärt die Begriffe, die ihr nicht versteht.
4. Finde zu den markierten Wörtern die richtigen Nomen, z. B.: treu – die Treue; achten – die Achtsamkeit

Zeremonie
anschließend
während
beständig

Die Töchter der Ritter

heilen
kochen
spinnen
nähen
weben
dichten
forschen
singen
schreiben
reiten

Die Töchter der Ritter blieben meist bis zu ihrer Heirat mit etwa 16 Jahren zu Hause. Hier lernten sie alles, was sie als künftige Burgherrinnen wissen mussten.

1. Betrachtet die Bilder und sprecht darüber.
2. Was lernten die Töchter der Ritter?
   Schreibe zu jedem Bild einige Sätze auf.
3. Die Burgherrin hatte viele Aufgaben und Interessen.
   Finde zu den Verben in der Wolke die entsprechenden Nomen und schreibe so:
   heilen – die Heilerin, die Heilerinnen
4. Bilde weitere Nomen mit der Endung -in und schreibe so:
   der Burgherr – die Burgherrin, die Burgherrinnen

Sängerin
Ärztin
Kaiserin

Burgherr | Arzt | Schriftsteller | Fürst
Künstler | König | Herzog | Kaiser | Graf

Berühmte Frauen im Mittelalter

Im Mittelalter gab es nur wenige Frauen, die bekannt und berühmt waren.

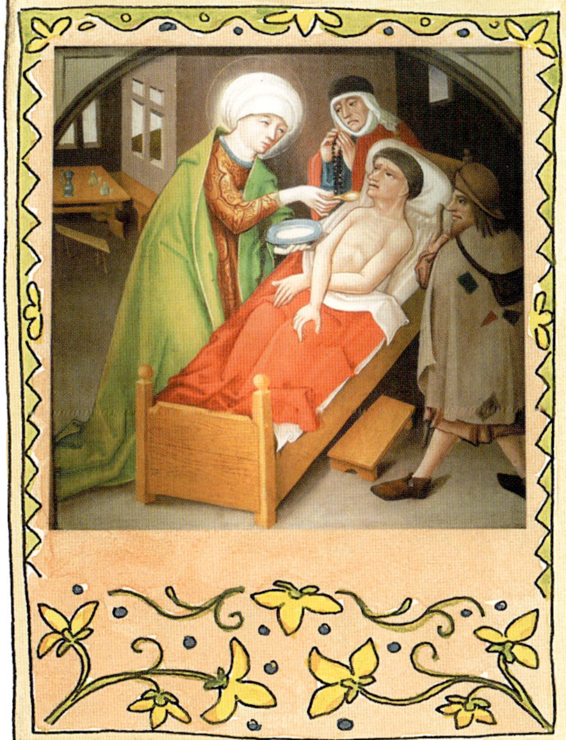

Elisabeth von Thüringen

Elisabeth wurde 1207 als ungarische Prinzessin geboren. Als vierjähriges Kind kam sie zur Familie ihres Verlobten nach Thüringen, um mit ihm gemeinsam aufzuwachsen.

Mit 14 Jahren heiratete Elisabeth den Landgrafen. Sie war fromm, betete viel und wollte ihr Leben so gestalten wie Jesus. Deshalb kümmerte sie sich um die Armen und gründete Kranken- und Armenhäuser.

Als ihr Mann starb, verzichtete sie auf Macht und Reichtum. Sie war nun bettelarm und stellte ihr Leben ganz in den Dienst der Armen. 1231 starb Elisabeth. Noch heute wird sie als Heilige für ihre Liebe und ihren Einsatz für die Menschen verehrt.

Hildegard von Bingen

Hildegard wurde 1098 als Tochter eines Adligen in Bermersheim geboren. Mit acht Jahren kam sie in ein Kloster. 1136 wurde sie Äbtissin. Ihr ganzes Leben lang hatte sie religiöse Erscheinungen, die sie für sich deutete und mit Erlaubnis des Papstes veröffentlichen durfte. Außerdem war sie Ärztin, Heilpflanzenkundige, Künstlerin und Dichterin.

Sie war eine streitbare Persönlichkeit und scheute auch nicht die Auseinandersetzung mit mächtigen Männern von Politik und Kirche. Sie gründete das Kloster Rupertsberg für Adlige und ein weiteres Kloster, in das auch Nichtadlige eintreten konnten.

Am 17.9.1179 starb Hildegard. Aufgrund ihrer großen Bekanntheit und ihrer Leistungen wird an ihrem Todestag heute noch das Hildegardisfest gefeiert.

1. Lest die Texte. Was erfahrt ihr über die Frauen?
2. Warum sind sie bis heute berühmt?
3. Stellt in Gruppenarbeit die Informationen in einem Steckbrief zusammen und tragt sie der Klasse vor.

Leben im Kloster – Zeitangaben

Der älteste Sohn eines Ritters trat die Nachfolge des Vaters an. War die Familie arm, wurden die nachfolgenden Kinder oft in ein Kloster gegeben. So waren sie ein Leben lang versorgt. Aber das Leben im Kloster war hart und entbehrungsreich. Der Leitgedanke „ora et labora“ (bete und arbeite) bestimmte den Tagesablauf der Mönche.

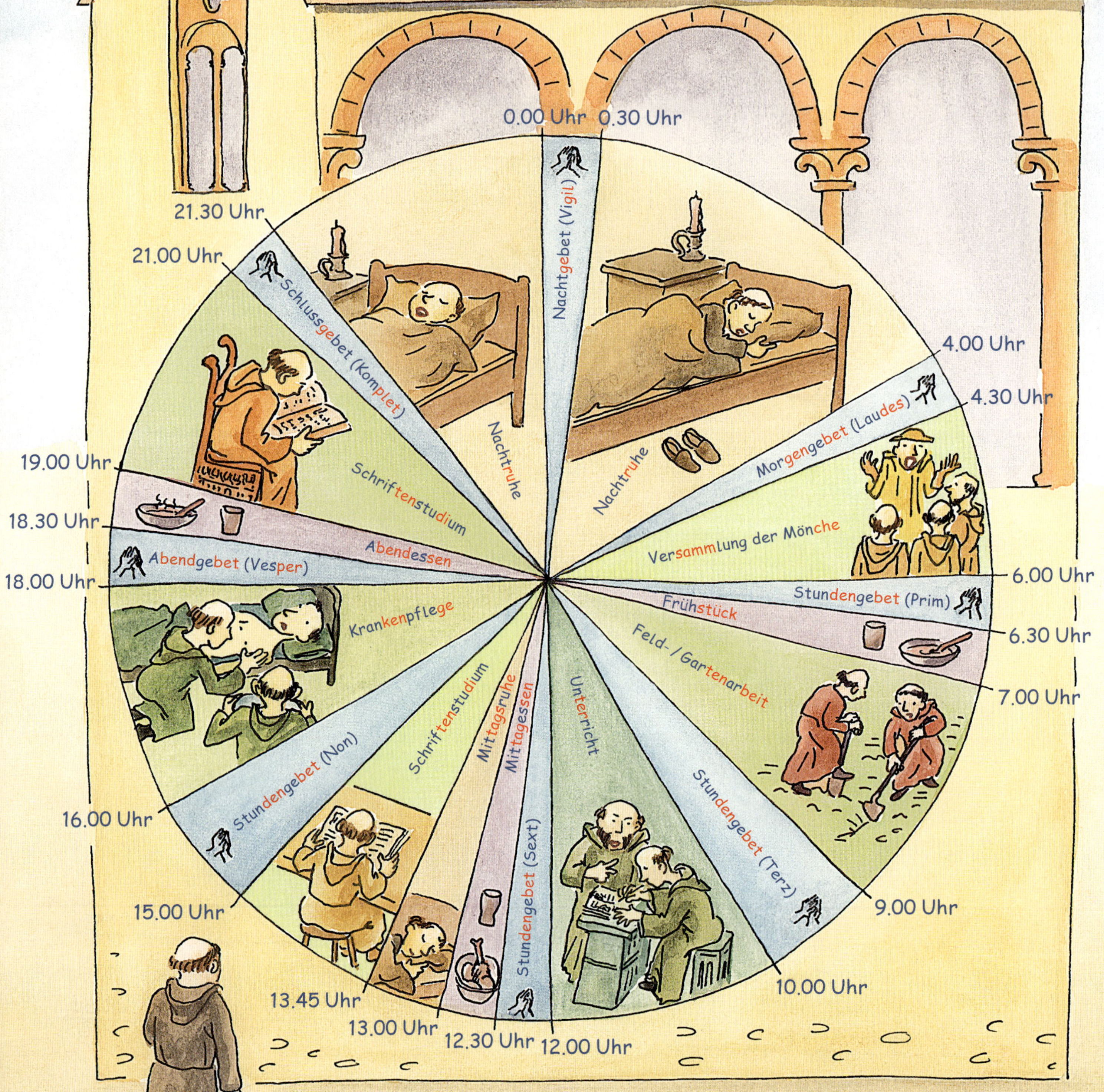

1. Das Schaubild zeigt den Tagesablauf der Mönche. Erzählt.
2. Welche Arbeiten verrichtete der junge Mönch?
3. Wie sind die Gebets- und Arbeitszeiten über den Tag verteilt?

4. Im Kloster war der Tagesablauf genau festgelegt.
Sucht euch einen Partner und stellt euch Fragen nach den Zeitangaben (den adverbialen Bestimmungen der Zeit).

Verwendet dazu die Fragewörter:

wann | wie lange | wie oft

Der Partner beantwortet die Fragen.
Wechselt euch ab.

5. Schreibe zu jedem Fragewort drei Fragen mit Antwort auf.
Schreibe so:

<u>Wann</u> beteten die Mönche die Laudes?
<u>Um 4.00 Uhr</u> beteten die Mönche die Laudes.

<u>Wie lange</u> arbeiteten die Mönche im Klostergarten?
Sie arbeiteten <u>2 Stunden</u> im Klostergarten.

<u>Wie oft</u> trafen sich die Mönche am Tag zum Gebet?
Sie trafen sich <u>achtmal</u> am Tag zum Gebet.

Zeitangaben

Zeitangaben (adverbiale Bestimmungen der Zeit) sind Satzglieder, die auf die Fragen
„Wann …?“,
„Wie lange …?“,
„Wie oft …?“
antworten.

Wie die Maultaschen erfunden wurden

In der Fastenzeit erhielt das Kloster Maulbronn einen Sack voll Fleisch als Spende. Die Mönche durften aber sieben Wochen lang kein Fleisch essen. Deshalb legte der Mönch Jakob das Fleisch noch am selben Abend in Salzlake ein, um es haltbar zu machen.
Am Gründonnerstag wurden hohe Gäste im Kloster erwartet. Am frühen Morgen holte Jakob frische Kräuter aus dem Klostergarten. Dann hackte er das Fleisch klein und vermischte es mit Kräutern. Eine Stunde vor dem Essen füllte er das Hackfleisch in Taschen aus Nudelteig und ließ sie in heißer Brühe ziehen. Den Gästen schmeckte das Essen vorzüglich. Niemand hatte ein schlechtes Gewissen, weil alle dachten, dass das Fleisch gut vor den Augen Gottes versteckt worden war.

6. Lest den Text. Warum musste Jakob so erfinderisch sein?
7. Schreibe den Text ab und unterstreiche alle Zeitangaben (alle adverbialen Bestimmungen der Zeit) lila.
8. Übe den Text als Partnerdiktat.

Einen Vortrag halten

Die Schüler der Klasse 4c wollen einen Vortrag über Ritter halten. So gehen sie vor:

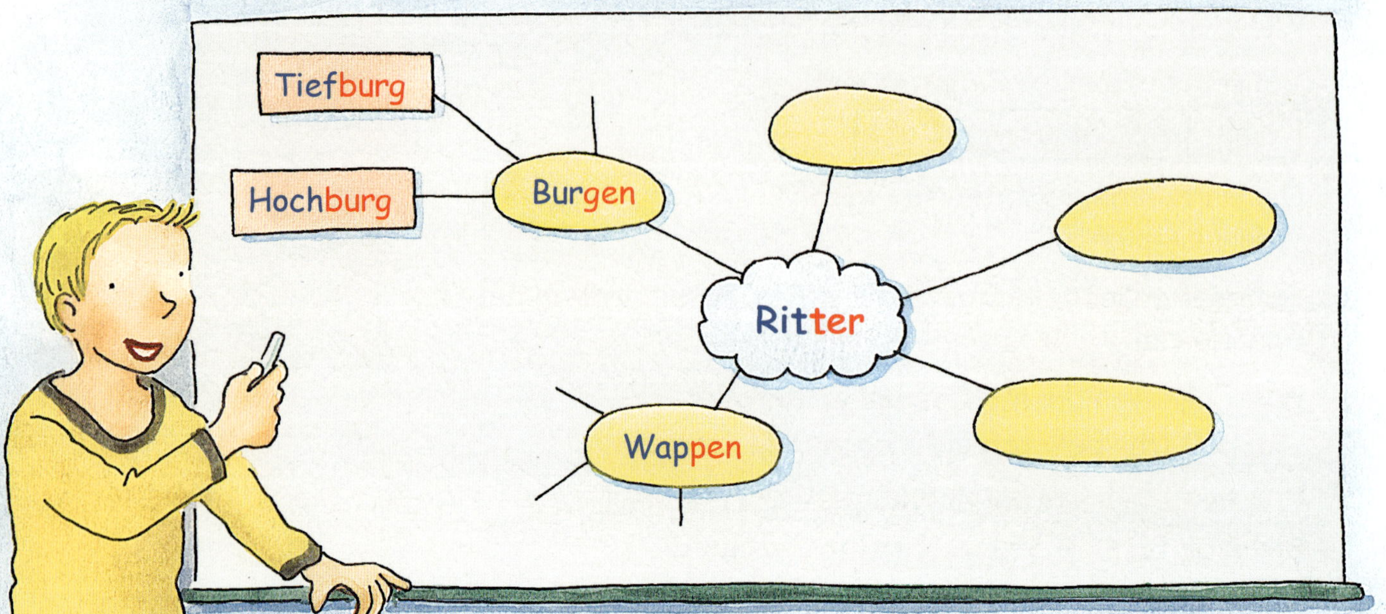

1. Erstellt eine Mindmap.
2. Zu welchem Oberbegriff möchtest du einen Vortrag halten? Wähle aus.
3. Sammle Informationen zu deinem Thema in Sachbüchern oder im Internet.

4. Lies deine gesammelten Texte und Informationen sorgfältig durch.
5. Kläre unbekannte Begriffe.
6. Schreibe das Wichtigste in Stichworten heraus.

1.

Ich erzähle euch nun etwas über die Wappen der Ritter im Mittelalter.

Ritter in Rüstungen sahen sich sehr ähnlich.

Deshalb brauchten sie Wappen, damit sie Freund und Feind gut voneinander unterscheiden konnten.

7. Überlege dir mithilfe deiner Stichwörter Sätze.
   Schreibe sie auf Karteikarten und nummeriere diese.
   Schreibe nicht mehr als drei Sätze auf eine Karteikarte.
   Stelle zuerst dein Thema vor.
8. Übe deinen Vortrag zunächst alleine: Lerne die Sätze auf den Karteikarten auswendig, bis du sie flüssig vortragen kannst.
9. Suche dir einen Zuhörer und halte den Vortrag.
   Beachte die Tipps.

Tipps zur Körperhaltung

- Stelle dich ruhig vor die Zuhörer.
- Schau deine Zuhörer an.
- Halte die Karteikarten in Bauchhöhe.

Tipps zur Aussprache

- Sprich laut und deutlich.
- Sprich nicht zu schnell.
- Mache eine Pause am Ende eines Satzes.

10. Halte deinen Vortrag vor der Klasse.
    Beantworte dann die Fragen deiner Mitschüler.

Vortrag

- Thema auswählen
- Informationen sammeln und prüfen
- unbekannte Begriffe klären
- Stichwortzettel erstellen
- Sätze formulieren und auf Karteikarten schreiben
- maximal 3 Sätze auf eine Karteikarte
- zu Beginn das Thema vorstellen
- Vortrag alleine und vor Publikum üben
- Aussprache und Körperhaltung beachten
- am Ende des Vortrages die Fragen des Publikums beantworten

Abwechslungsreich erzählen

Die Schüler der Klasse 4c haben Satzanfänge gesammelt.
Sie wollen ihre Geschichten abwechslungsreich und spannend erzählen.

Einleitung	Hauptteil	Schluss
Eines Tages …	Plötzlich …	Abschließend …
Einst …	In Sekundenschnelle …	

Zum Schluss …
In letzter Minute …
Mittlerweile …
Zu Beginn …
Endlich …
Am Anfang …
Einmal …
Jetzt …
Schließlich …
Währenddessen …
An einem schönen Tag …
Sofort …
Nun …
Am Ende …
Zuerst …

Zu guter Letzt …

1. Zeichnet eine Tabelle und ordnet die Satzanfänge ein.
2. Findet weitere Satzanfänge und schreibt sie in die Tabelle.
3. Treffende Verben machen eine Geschichte lebendiger. Schreibe die Textabschnitte ab und setze passende Verben aus der Wolke ein.

entdecken
beobachten
erblicken
stieren
bestaunen
schauen
starren
erkennen

Lautlos näherten sich die Räuber dem Rittersaal. Sie  *das bunte Treiben. In diesem Augenblick*  *der Burgherr eine fremde Gestalt in der Tür.*

Mit riesigen Augen  *der Drache den tapferen Ritter Ludwig an. Ludwigs Herz schlug bis zum Hals, als er das Ungeheuer* *.*

Voller Spannung  *sich die Ritter an. Durch ihr Visier konnten sie den Gegner nur schemenhaft* *.*

Hildegard  *das zauberhafte Wesen unverwandt an. Sie konnte ihren Blick nicht von ihm abwenden. Auch die Zofe*  *das schöne Einhorn.*

sehen

4. Ergänze das Wortfeld „sehen" mit weiteren Verben.

Abenteuer in der Ritterzeit

1. Betrachtet die Bilder und erzählt.
2. Wähle ein Bild aus und finde dich mit den Kindern, die die gleiche Wahl getroffen haben, in einer Gruppe zusammen.
3. Überlegt euch in der Gruppe eine Geschichte.
4. Schreibe deine Geschichte. Beachte dabei die Schreibtipps am Rand.
5. Überprüft eure Geschichten in der Schreibkonferenz.

Wer sind die Personen / Figuren? Was tun sie?

Wie könnte die Geschichte beginnen? Wie könnte sie enden?

Arbeite den Höhepunkt ausführlich und spannend heraus. Orientiere dich genau am Bild.

Ist die Vergangenheit (Präteritum) eingehalten?

Stimmt die Geschichte mit dem Bild überein?

Werden treffende Verben und Adjektive verwendet?

Kommt wörtliche Rede vor und werden Gefühle beschrieben?

Mädchen – Jungen

1. Bildet Gruppen und betrachtet die Gegenstände.
   Jedes Bild steht für ein Hobby.
2. Welche Hobbys könnt ihr Mädchen oder Jungen zuordnen?
   Begründet eure Meinungen in der Gruppe.
3. Berichtet der Klasse über eure Gruppengespräche:
   Bei welchen Hobbys wart ihr euch einig?
   Bei welchen Hobbys gab es verschiedene Meinungen?

Typisch Junge – typisch Mädchen?

1. Lest die Behauptungen der Klasse 4c.
2. Was denkt ihr darüber? Begründet eure Meinung.
3. Schreibe die Behauptungen der Kinder mit Redebegleitsatz auf. Schreibe so:

   Hanna behauptet: „Jungen …"

Lisa und Ilja

Ilja ist neu in der Klasse 4c. Er kommt aus Russland und lebt seit fünf Monaten mit seiner Familie in Deutschland. In der Pause steht er meistens allein auf dem Schulhof und isst sein Pausenbrot. Sehnsüchtig schaut er den anderen Kindern beim Spielen zu. Eines Tages spielen Lisa und ihre Freundinnen Fangen. Lisa rempelt Ilja absichtlich von hinten an. Als die Pause zu Ende ist, entschuldigt sie sich bei ihm.

1. Lest den Text. In welcher Situation befindet sich Ilja? Wie fühlt er sich?

> Lisa sagt: „Tut mir leid."
>
> Ilja erwidert: „Ist schon okay."
>
> „Aber du bist doch traurig", entgegnet Lisa.
>
> „Weil mich keiner mag", flüstert Ilja.
>
> „Ich finde dich aber nett!", sagt Lisa.

2. Lest den Dialog mit verteilten Rollen.
3. Schreibe den Dialog ab und unterstreiche die Redebegleitsätze rot.
4. Vergleicht ihre Stellung.

Ⓐ „Hallo Ilja!", ruft Lisa.
„________!", ________.

Ⓑ „Das ist doch gar nicht dein Heimweg", sagt Ilja.
„________________________", ________.

Ⓒ „Sollen wir ein Stück zusammen gehen?", fragt Lisa.
„________________________?", ________.

5. Durch welches Satzzeichen wird die wörtliche Rede vom nachgestellten Redebegleitsatz abgetrennt?
6. Bestimmt die Satzzeichen in der wörtlichen Rede. Bei welcher Satzart fällt das Satzschlusszeichen weg?

Wörtliche Rede mit nachgestelltem Redebegleitsatz

Bei nachgestelltem Redebegleitsatz steht nach den „Anführungszeichen oben" ein Komma. Der Punkt fällt weg. Ist die wörtliche Rede ein Frage- oder Ausrufesatz, bleibt das Frage- oder Ausrufezeichen erhalten.

Russland
Deutschland
sehnsüchtig
okay
nett

Lisa mag Ilja – der Abschied

Am letzten Schultag vor den Ferien verabreden sich Lisa und Ilja miteinander.

Bist du in den Ferien zu Hause will Ilja wissen.

Ja sagt Lisa und nickt mit dem Kopf.

Prima! Kommst du morgen zu mir fragt er.

Ich muss zuerst meine Eltern fragen erwidert Lisa.

Mach das fordert Ilja Lisa auf.

Dann musst du auch zu mir kommen schlägt Lisa vor.

Klar stimmt Ilja zu.

1. Schreibe das Gespräch ab. Ergänze die Satzzeichen.
2. Stelle nun die Redebegleitsätze vor die wörtliche Rede und setze die richtigen Satzzeichen.

Eines Tages bekommt Iljas Vater eine Arbeitsstelle in einer anderen Stadt. Die Familie muss umziehen. Traurig erzählt Ilja Lisa die Neuigkeiten.

3. Schreibe den Dialog zwischen Lisa und Ilja auf. Stelle den Redebegleitsatz abwechselnd vor und hinter die wörtliche Rede. Verwende die Verben aus der Wolke.
4. Welche Möglichkeiten gibt es für Lisa und Ilja, weiterhin in Kontakt zu bleiben?

antworten
zustimmen
sich freuen
fragen
erzählen
flüstern

Mädchentore zählen doppelt

1. Lest den Comic und sprecht darüber.
2. Warum zählen Lolatore ab jetzt einfach?

ß oder ss? – Verben mit zwei Wortstämmen

1. Finde die Kontrastpaare und schreibe sie in eine Tabelle.

Häuschen A	Häuschen C
schießen	schossen

schießen, sprossen, rissen, beißen, schmissen, reißen, schossen, gießen, flossen, fraßen, sprießen, bissen, schmeißen, gossen, schließen, lassen, essen, fließen, aßen, ließen, fressen, schlossen

ß und ss

Verben mit den Wortstammendungen ß und ss bilden ein rhythmisches Kontrastpaar.

2. Klatscht die Kontrastpaare zur Überprüfung.

Lola, der Star der gelben Mannschaft

Als Lola das vierte Tor schießt, reißen die Mädchen der gelben Mannschaft die Arme nach oben und jubeln laut. Auch die Jungen lassen Lola hochleben. Sie genießt die Anerkennung. Als die Anspannung nachlässt, fließen Freudentränen über Lolas Gesicht. Dann beschließt die gelbe Mannschaft, den Sieg zu feiern. Gemeinsam essen die Kinder ihre Pausenbrote.

doppelt
Anpfiff
beißen
reißen
schmeißen
schließen
fressen
lassen
Star
genießen
Anerkennung
Anspannung

3. Schreibe den Text in der einfachen Vergangenheit (Präteritum) auf.

Personen genau beschreiben

Geschlecht: Junge

Größe: ungefähr 1,40 m

Gestalt: sportlich, schlank

Gesicht: oval, leicht gebräunt, rosige Wangen

Haare: kurz, blond

Augen: groß, blau

Nase: lang, gerade

Mund: klein, schmal

Kleidung: kurzärmeliges, blauweiß gestreiftes T-Shirt, blaue, lange Jeans, weiße Sportschuhe

besondere Kennzeichen: Sommersprossen im Gesicht, Zahnspange

Personenbeschreibung

In einer Personenbeschreibung werden Merkmale und Besonderheiten eines Menschen genau, sachlich und anschaulich beschrieben. Dabei ist die Reihenfolge vom Allgemeinen zum Einzelnen und von Kopf bis Fuß einzuhalten. Die Personenbeschreibung wird in der Gegenwart (Präsens) verfasst.

1. Lest den Tafelanschrieb. Welche Merkmale werden beschrieben?
2. Was fällt euch an der Reihenfolge dieser Merkmale auf?
3. Verfasse mithilfe der Stichwörter auf der Tafel eine Personenbeschreibung:

   Personenbeschreibung

   Die Person ist ein Junge.
   Er ist ungefähr 1,40 m groß und ...
4. Personen sehen verschieden aus. Findet in Gruppenarbeit weitere Begriffe zu den einzelnen Merkmalen.
5. Stellt eure Ergebnisse der Klasse vor und ergänzt eure Sammlung.

Augen: klein, groß, mandelförmig, braun, blau ...

Nase: Stupsnase, Hakennase, breit, platt ...

Gestalt: sportlich, schlank, kräftig ...

6. Welche Person möchtest du beschreiben?
   Wähle einen Mitschüler oder eine Mitschülerin aus.
   Verrate den Namen nicht.
7. Notiere Stichwörter zu den Merkmalen.
8. Schreibe mithilfe deiner Stichwörter eine genaue Personenbeschreibung.
9. Führt ein Ratespiel mit euren Personenbeschreibungen durch.

10. Überprüft eure Personenbeschreibungen in der Schreibkonferenz.

Ist die Reihenfolge der Merkmale „von Kopf bis Fuß“ eingehalten?

Ist die Person sachlich und ohne Wertung beschrieben?

Werden treffende Verben und Adjektive verwendet?

Beginnen die Sätze abwechslungsreich?

Ist die Personenbeschreibung in der Gegenwart (Präsens) geschrieben?

ungefähr
oval
Jeans
Stupsnase
platt

Arbeit und Beruf

Hallo, ich heiße Luna und wohne in Berlin. Nach der Schule spiele ich Gitarre in der Schulband. Am liebsten würde ich Sängerin werden.

Hallo, ich bin Norman und wohne in Anchorage / Alaska. Nach der Schule gehe ich gerne zum Fischen. Ich träume davon, einmal ein guter Jäger zu werden.

Buenos dias! Mein Name ist Marcos und ich wohne in Rio de Janeiro / Brasilien. Heute Morgen habe ich die Mülltonnen nach Essensresten durchsucht. Nachmittags putze ich die Windschutzscheiben von Autos. Mein Traum ist es, Fußballprofi wie Ronaldinho zu werden.

Hier stellen sich Kinder von verschiedenen Kontinenten vor.

1. Wo leben die Kinder?
   Ordnet jedem Kind das entsprechende Fähnchen zu.
   Sucht das Heimatland auf einer Weltkarte im Atlas.
2. Was erzählen die Kinder über sich?
   Bildet Gruppen und notiert Stichwörter.
   Stellt die Ergebnisse der Klasse vor und sprecht darüber.

Name:
Heimatland:
Alltag:
Berufswunsch:

Kon-nichi-wa! Ich bin Yukiko und wohne in Tokio/Japan. Nach der Schule erhalte ich Zusatzunterricht, weil ich das beste Gymnasium der Stadt besuchen möchte. Später möchte ich Rechtswissenschaften an einer berühmten Universität studieren.

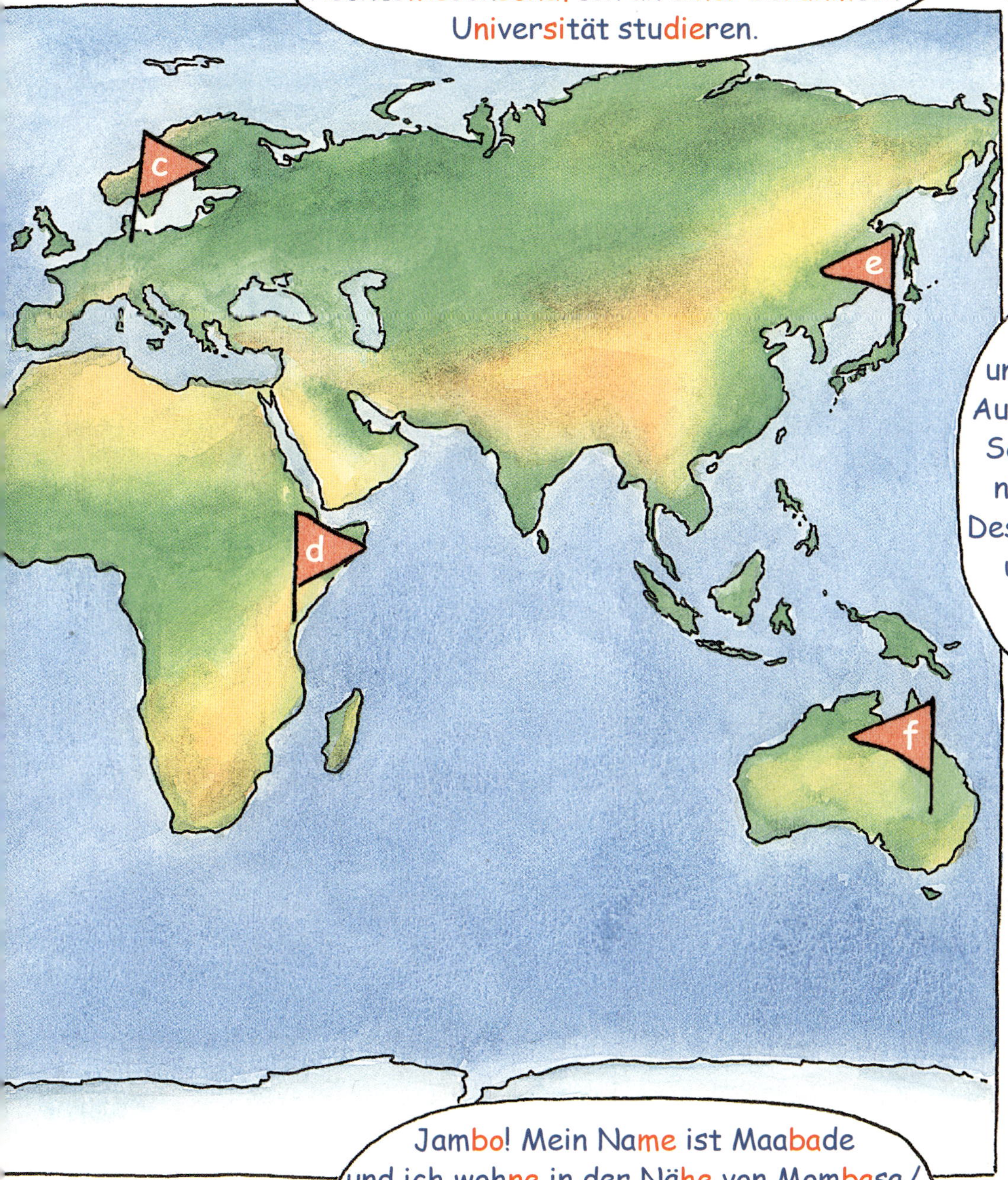

Hallo, ich heiße Amy und wohne in Neusüdwales / Australien. Ich lebe auf einer Schaffarm, 200 km von der nächsten Schule entfernt. Deshalb werden wir über Funk unterrichtet. Ich möchte einmal die Farm meiner Eltern übernehmen.

Jambo! Mein Name ist Maabade und ich wohne in der Nähe von Mombasa/ Kenia. Nach der Schule helfe ich meinem Vater in der Küche. Er ist Koch in einem großen Hotel. Später will ich auch in einem Hotel arbeiten.

3. Wie sieht dein Alltag aus? Notiere Stichwörter.
4. Vergleicht euer Leben und eure Berufswünsche mit dem Alltag und den Wünschen der Kinder aus den anderen Ländern.

Zukunftspläne

Luna lebt in Berlin in einer Hochhaussiedlung. Sie hat zwei jüngere Geschwister und ihre Eltern sind arbeitslos. Die Familie hat wenig Geld. Luna besucht in der Schule die Gitarren-AG. Dort lernt sie auf einem geliehenen Instrument Gitarre spielen. Nach der Schule geht sie in die „Arche“. Hier bekommen Kinder aus armen Familien ein kostenloses Mittagessen. Luna geht gerne dorthin, weil sie sonst keine warme Mahlzeit bekommt. Arne, ein Betreuer, bringt öfters seine Gitarre mit. Das findet Luna toll, denn Arne zeigt ihr Gitarrengriffe und lässt sie auf seinem Instrument üben.

1. Lest den Text.
2. Was erfahrt ihr über Luna?
3. Nennt Gründe, warum sie die „Arche“ besucht.

Zukunft (Futur)

Zukunft ist die Zeit, die vor uns liegt. Wir bilden die Zeitform Zukunft (Futur) mit einer Personalform von „werden“ und der Grundform (Infinitiv) des Verbs: Ich werde spielen.

4. Wie sehen Lunas Zukunftspläne aus?
5. Schaut euch die markierten Verben an. Was fällt euch auf?
6. Schreibe die Verben auf und setze sie in die Gegenwart (Präsens):
   ich werde sein – ich bin

Gitarre
leihen
kostenlos
Betreuer

Marcos lebt mit seinen Eltern und sechs Geschwistern in einer Wellblechhütte am Rande von Rio de Janeiro. Die Hütten stehen hier dicht an dicht. Es gibt kein fließendes Wasser und keine festen Toiletten. Marcos und seine Geschwister müssen arbeiten und Geld verdienen, um das Überleben der Familie zu sichern.

Ich ___ meinen Schulabschluss ___. Anschließend ___ ich in eine Fußballschule ___. Ein berühmter Fußballtrainer ___ mich ___. Dann ___ ich in viele fremde Länder ___ und ___ viel Geld ___. Ich ___ ein großes Haus am Meer ___ und dort ___ ich mit meiner Familie ___. Wir ___ nie mehr Not ___.

werde machen
werde gehen
wird entdecken
werde reisen
werde verdienen
werde kaufen
werde leben
werden leiden

7. Schreibe Marcos Zukunftspläne ab und setze die passenden Verbformen aus der Wolke in der Zukunft (Futur) ein.

Yukiko lebt mit ihren Eltern in Tokio. Ihr Vater ist ein bedeutender Ingenieur in einer Elektronikfirma. Die Aufgabe der Mutter ist es, Yukiko in ihrer schulischen und geistigen Entwicklung zu Höchstleistungen zu bringen.

Dank meines Zusatzunterrichtes schaffe ich als Beste die Aufnahmeprüfung für die Eliteuniversität. Ich schließe mein Studium mit Auszeichnung ab und erhalte eine Spitzenposition in einem bedeutenden japanischen Unternehmen. Ich heirate einen ebenso erfolgreichen Mann und wir kaufen uns ein Wochenendhaus am Fujiyama.

8. So sieht sich Yukiko in zehn Jahren. Schreibe den Text ab und setze die Verben in die Zukunft (Futur).
9. Wie sehen deine Zukunftspläne aus? Schreibe sie in der Zukunft (Futur) auf.

Schulabschluss
berühmt
Höchstleistung
Universität
Unternehmen

Arbeit im Haushalt

Frau Fischer hat bei der Firma Glasbauer eine neue Arbeitsstelle gefunden. Sie muss nun 8 Stunden täglich arbeiten. Um trotzdem möglichst viel Zeit zusammen verbringen zu können, hat Familie Fischer die Hausarbeit untereinander aufgeteilt.

Arbeitsteilung bei Familie Fischer

Familie Fischer beschließt ___ ihrem Familienrat, die Arbeiten ___ den Familienmitgliedern aufzuteilen. Die Eltern übernehmen den Einkauf ___ dem Supermarkt. Jonas geht ___ den Markt und ___ dem Bäcker und kauft dort ein. Lena wischt den Staub ___ allen Möbeln. Jonas saugt die Teppiche ___ den Zimmern. Mutter wischt den Boden ___ Küche und Bad. Vater erledigt die Putzarbeiten ___ den restlichen Zimmern. Zusammen ___ Lena versorgt Jonas die Katze Minka. Lena bringt den Müll ___ der Mülltonne. ___ dem Waschen hängt Vater die Wäsche ___ die Leine. Mutter bügelt und räumt die Kleider ___ die Schränke. ___ Montag ___ Freitag sind Mutter und Jonas ___ das Essen zuständig, ___ den Wochenenden kocht Vater. Das Geschirr versorgt Lena.

1. Schreibe den Text ab und ergänze ihn mit den passenden Verhältniswörtern (Präpositionen) aus der Wolke.

zu unter auf zu mit in
von in nach in von
in für an in bis auf in

2. Lasse das Verhältniswort (Präposition) und den Artikel verschmelzen. Schreibe so:

bei dem Bäcker – beim Bäcker

an das Meer | zu dem Haus | an dem Baum
bei dem Zahnarzt | von dem Spielplatz
in das Wasser | zu der Feier | in dem Kaufhaus

Verhältniswörter (Präpositionen)

Adverbiale Bestimmungen werden oft von Verhältniswörtern eingeleitet:
an, auf, bis, bei, hinter, in, mit, nach, neben, über, unter, von, vor, zu, zwischen …

Verschmolzene Verhältniswörter (Präpositionen)

Manche Verhältniswörter sind mit dem nachfolgenden Artikel verschmolzen: am, ans, beim, im, ins, vom, zum, zur.

	Mutter	Vater	Jonas	Lena
Einkaufen				
Staub wischen				
Staub saugen				
Putzen				
Müll wegbringen				
Wäsche waschen, versorgen				
Kochen				
Geschirr versorgen				
Minka versorgen				

3. Welche Arbeiten übernehmen die Familienmitglieder im Text von S. 60? Übertrage die Tabelle in dein Heft und markiere in deiner Tabelle so:
   ✗ Arbeit wird ausgeführt
   – Arbeit wird nicht ausgeführt
4. Überprüfe anhand der Tabelle, ob die Arbeiten gleichmäßig verteilt sind.
5. Welche Aufgaben übernehmt ihr zu Hause?

Viel Arbeit

Frau Fischer ist froh, einen Arbeitsplatz gefunden zu haben. In der neuen Firma gefällt es ihr gut, die Kollegen sind nett und ihr Chef ist freundlich. „Zum Glück helfen die Kinder im Haushalt mit", erzählt Frau Fischer ihrer Kollegin Tanja. „So haben wir am Wochenende mehr Zeit und können gemeinsam etwas unternehmen." Tanja runzelt die Stirn und sagt: „Bei uns ist das anders. Mein Mann und ich erledigen die ganze Hausarbeit alleine. Deshalb haben wir selten Zeit, am Sonntag einen Ausflug mit den Kindern zu machen. Euer Modell finde ich besser!"

6. Übe den Text als Partnerdiktat.
7. Warum findet Tanja die Aufteilung der Hausarbeit bei Familie Fischer besser?

Mitglied
Müll
zuständig
Geschirr
versorgen
Kollege
Chef
Modell

Mein Traumberuf: Das will ich werden

Die Klasse 4 c beschäftigt sich mit dem Thema „Mein Traumberuf“.

Leonie möchte Polizistin werden und befragt ihre Nachbarin Claudia, die diesen Beruf ausübt.

Leonie: *Du bist doch Polizistin …*

Claudia: *Das stimmt, aber die genaue Berufsbezeichnung lautet „Polizeibeamtin im mittleren Dienst bei der Schutzpolizei“.*

Leonie: *Was machst du da genau?*

Claudia: *Mit meinen Kollegen sorge ich für die öffentliche Sicherheit und Ordnung. Wir fahren Streife und kümmern uns zum Beispiel um Streitigkeiten und Ladendiebstähle. Außerdem nehmen wir Strafanzeigen auf und bearbeiten sie. Zusammen mit den Kollegen führe ich Verkehrskontrollen durch und nehme Verkehrsunfälle auf. Bei größeren Veranstaltungen wie Fußballspielen oder großen Konzerten sind wir für den reibungslosen Ablauf zuständig. Ich bin auch an Fahndungen beteiligt. Wir suchen nach vermissten Personen und verfolgen Straftäter.*

Leonie: *Das ist sicherlich spannend und hört sich nach einer Menge Arbeit an. Wo arbeitest du?*

Claudia: *Das ist unterschiedlich. Die Schreibarbeiten erledige ich im Büro. Bei Einsätzen sind wir meistens in Dienstfahrzeugen unterwegs.*

Leonie: *Wie werde ich Polizistin?*

Claudia: *Du musst körperlich fit und sportlich sein, benötigst einen mittleren Bildungsabschluss und musst mindestens 16 Jahre alt sein. Die Ausbildung dauert zweieinhalb Jahre.*

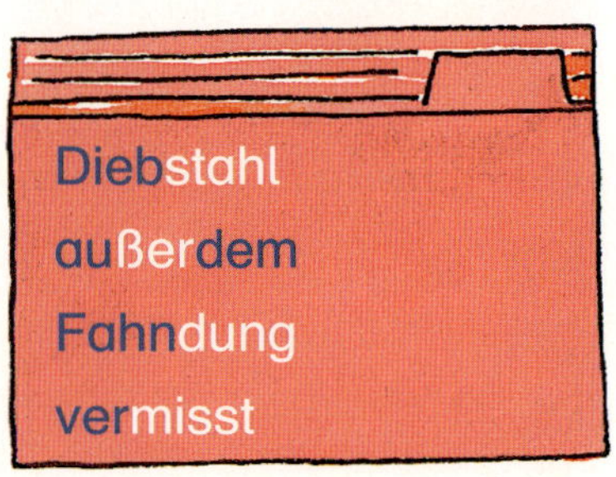

1. Lest den Text mit verteilten Rollen.

2. Notiert euch Stichwörter zu folgenden Punkten:
   - Welchen Beruf hat Claudia?
   - Was macht Claudia in diesem Beruf?
   - Wo arbeitet sie?
   - Welche Voraussetzungen muss sie erfüllen?
   - Wie lange dauert die Ausbildung?
3. Schreibt mithilfe der Stichwörter einen Sachtext. Schreibe so:

> Polizeibeamtin bei der Schutzpolizei im mittleren Dienst
>
> Schutzpolizisten fahren Streife und sorgen für die öffentliche Sicherheit und Ordnung. Ihre Aufgabe besteht darin …

Sachtext

Ein Sachtext teilt Informationen mit. Gefühle, Meinungen oder Wertungen werden nicht beschrieben.

4. Informiere dich über deinen Traumberuf in Büchern, im Internet oder durch Befragen und notiere Stichwörter zu deinem Traumberuf wie in Aufgabe 2.
5. Verfasse dazu einen Sachtext. Schreibe ihn auf ein Blatt.
6. Gestalte zu deinem Traumberuf ein Plakat und stelle es der Klasse vor.
7. Berufe können sowohl von Männern als auch von Frauen ausgeübt werden. Wie heißt die Berufsbezeichnung für Frauen? Schreibe so:

   der Mechaniker – die Mechanikerin, die Mechanikerinnen

Mechaniker | Lehrer | Gärtner | Elektriker

Maler | Tierpfleger | Bäcker | Erzieher

Frisör | Manager | Reporter | Zahnarzt

Apotheker | Koch | Rechtsanwalt | Schreiner

Ingenieur | Astronaut | Verkäufer | Landwirt

8. Spielt „Berufe raten“: Stellt pantomimisch einen Beruf dar, den die Klasse erraten muss. Wer ihn errät, spielt als Nächster vor.

Entdecker und Entdeckerinnen verändern die Welt

1728 – 1779

James Cook vermaß Neuseeland und Australien. Er entdeckte Hawaii und viele weitere Inseln in der Südsee.

1809 – 1882

Charles Darwin entdeckte viele Tiere und Pflanzen. Seine wichtigste Erkenntnis war, wie die Arten entstanden.

1867 – 1934

Marie Curie erhielt 1903 als erste Frau den Nobelpreis für Physik. Sie entdeckte das radioaktive Element Polonium.

Schon immer brachen wagemutige Menschen auf, um Neues zu entdecken. Getrieben wurden sie von wissenschaftlicher Neugier oder Abenteuerlust. Sie wollten die Welt, die uns umgibt, besser verstehen.

1. Betrachtet die Bilder und beschreibt die verschiedenen Entdeckungen.
2. Lies die Informationen auf den Karten.

1874 – 1939

Howard Carter entdeckte im November 1922 das Grab des ägyptischen Pharaos Tutanchamun im Tal der Könige.

1881 – 1955

Alexander Fleming entdeckte das Antibiotikum Penicillin, was einen großen Fortschritt für die Medizin bedeutete.

Geb. 1934

Die Verhaltensforscherin Jane Goodall machte die bahnbrechende Entdeckung, dass Schimpansen Werkzeuge anfertigen.

3. Ordne jeder Persönlichkeit die jeweilige Entdeckung zu. Schreibe so:

   A: Charles Darwin entdeckte viele Tiere und Pflanzen. Er erklärte, wie die verschiedenen Arten entstanden.

   B: ...

4. Kennst du weitere Entdecker? Schreibe den Namen mit den Lebensdaten und der Entdeckung auf.

James Cook auf der Suche nach dem unbekannten Südland

Der englische König George III. entsandte ein englisches Forschungsschiff mit einem doppelten Auftrag: Wissenschaftler sollten auf Tahiti den Durchgang der Venus vor der Sonnenscheibe beobachten und die Entfernung zwischen Erde und Sonne bestimmen. Außerdem wollte George III. das unbekannte Südland in Besitz nehmen. Bereits die alten Griechen nahmen an, dass sich dieser Kontinent am Südpol befinden würde und ein sonniges Paradies mit unermesslichen Reichtümern sei.

1. Lest den Text. Warum sollte das „Südland" entdeckt werden?

James Cook war Kapitän.
Er erhielt im Jahr 1768 den Auftrag, nach Tahiti zu segeln.

Cook benötigte ein stabiles Schiff.
Er wählte einen umgebauten Kohletransporter aus, die „Endeavour".

Marinesoldaten begleiteten das Schiff.
Sie waren für die Sicherheit bei Landgängen zuständig.

Die Inselbewohner Tahitis waren freundlich.
Sie nahmen die Engländer herzlich auf.

Die Wissenschaftler gingen an Land.
Sie bestimmten die Dauer des Venusdurchgangs vor der Sonne.

Die Einheimischen lieferten den Engländern frische Nahrung.
Sie bekamen dafür Geschenke.

James Cook vermaß die Küsten.
Er zeichnete Karten.

Bindewort „und"

Sätze können mit **„und"** verbunden werden.

2. Schreibe die Sätze ab und verbinde sie mit „und":

James Cook

James Cook war Kapitän und erhielt im Jahr 1768 den Auftrag, nach Tahiti zu segeln. ...

Als James Cook 1771 nach England zurückkehrte, ohne das Südland entdeckt zu haben, erzählte er:

„Tahiti ist nicht das eigentliche Ziel unserer Reise gewesen. In einem geheimen Brief habe ich den Auftrag erhalten, das Südland zu finden. Daraufhin sind wir nach Westen gesegelt. Wir haben Neuseeland erkundet und die Ostküste Australiens erreicht. Im Juni 1770 hat es gegen Mitternacht plötzlich gekracht. Unser Schiff ist nordöstlich von Australien auf ein Korallenriff aufgelaufen! Die Planken der Endeavour sind zersplittert. Sofort sind große Wassermassen durch den aufgerissenen Rumpf eingedrungen. Schnell haben wir schwere Ladung über Bord geworfen und das Wasser abgepumpt. Mit der einsetzenden Flut haben wir uns vom Riff befreit. Wir haben die Endeavour repariert und sind nach England zurückgesegelt. Obwohl wir auf der Reise weit nach Süden vorgedrungen sind, haben wir kein Land gefunden."

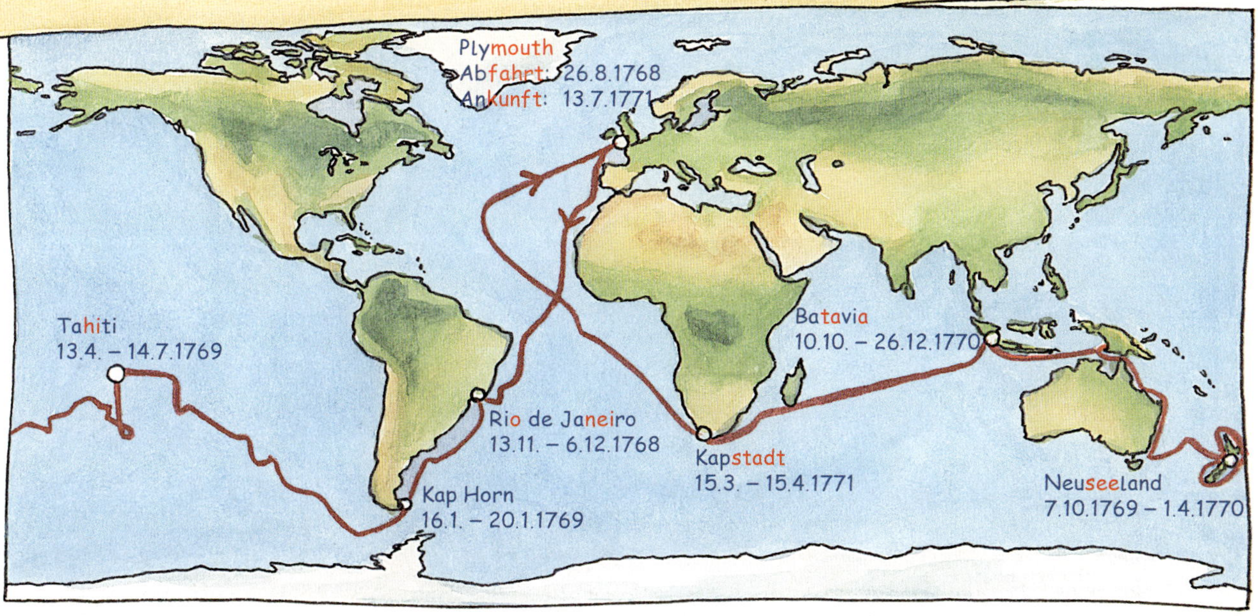

3. Verfolgt die Reiseroute von James Cook auf der Karte.
4. Warum brach er die Suche nach dem Südland ab?
5. Schreibe den Text ab und setze die Verben in die einfache Vergangenheit (Präteritum).
6. Unterstreiche die Verben in der einfachen Vergangenheit (Präteritum).
7. Trage die unterstrichenen Verben in eine Tabelle ein. Schreibe so:

Grundform	Gegenwart (Präsens)	Vergangenheit	
		Präteritum	Perfekt
sein	er ist	er war	er ist gewesen

unbekannt
Riff
abpumpen
reparieren
zurücksegeln

Jane Goodall – ein Leben für Schimpansen

Schon als kleines Mädchen liebte Jane Goodall Tiere über alles. Mit Hingabe beobachtete sie stundenlang alle möglichen Tiere ihrer Umgebung. Ihre Liebe zu den Schimpansen wurde geweckt, als sie von ihrem Vater den Plüschschimpansen „Jubilee“ geschenkt bekam. Ihr Lieblingsplatz war hoch oben in einer alten Buche, wo sie die Bücher über Tarzan und seinen Schimpansen Cheetah geradezu verschlang. Die Sehnsucht, wie Tarzan im Dschungel mit Tieren zusammenzuleben, ließ sie nie mehr los.

1. Lest den Text. Wodurch wurde Jane Goodalls Liebe zu den Schimpansen geweckt?

Etwa 15 Jahre später verwirklichte Jane Goodall ihren Traum. Sie reiste in den Gombe Stream Nationalpark in Tansania und führte Langzeitstudien über Schimpansen durch. Ihr gelang die bahnbrechende Entdeckung, dass Schimpansen selbst angefertigte Werkzeuge benutzten.

Serviette
Zahnstocher
Schöpfkelle
Wattestäbchen
Angel
Pflaster

2. Betrachtet die Szenen. Welche Werkzeuge verwenden die Schimpansen, um ihr Ziel zu erreichen?
3. Ordne den Werkzeugen die Begriffe aus der Wolke zu und beschreibe, wie die Schimpansen diese einsetzen:

Schimpansen benutzen Werkzeuge

A – Angel: Der Schimpanse stochert mit einem Stöckchen in einem Termitenhügel. ...

Die vier Fälle des Nomens

1. Wer- oder Was-Fall (Nominativ)
   Das Tier lebt im tropischen Regenwald.
2. Wessen-Fall (Genitiv)
   Die Körpergröße des Tieres beträgt etwa 1,20 m.
3. Wem-Fall (Dativ)
   Früchte schmecken dem Tier gut.
4. Wen- oder Was-Fall (Akkusativ)
   Leoparden greifen das Tier an.

Die vier Fälle des Nomens

1. Wer- oder Was-Fall (Nominativ): das Tier
2. Wessen-Fall (Genitiv): des Tieres
3. Wem-Fall (Dativ): dem Tier
4. Wen- oder Was-Fall (Akkusativ): das Tier

1. In jedem Satz steht das Nomen „Tier“ in einem anderen Fall. Fragt nach den markierten Nomen.
2. Schreibe die Frage mit der Antwort so auf:

   Wer- oder Was-Fall (Nominativ):

   Wer oder was lebt im tropischen Regenwald?
   Das Tier lebt im tropischen Regenwald.
3. Wisst ihr, um welches Tier es sich handelt?

Jane Goodall erzählt von ihren Begegnungen mit anderen Tieren:

Begegnung mit einer Wasserkobra

Ich begegnete  an einem See.
 hatte schwarze Streifen im Nacken.
Ein Biss  ist tödlich.
Eine Welle trug  glücklicherweise fort.

Begegnung mit einem Nashorn

Ich entdeckte  zwischen Dornbüschen.
Die kleinen Äuglein  funkelten böse.
 schnaubte und wühlte den Boden auf.
Vorsichtig wich ich  aus.

4. Schreibe die Texte ab und ergänze die Sätze mit den Nomen im richtigen Fall.

Howard Carter und das Geheimnis um Tutanchamun

Fünf Jahre lang suchte der Engländer Howard Carter im Tal der Könige vergeblich nach Tutanchamuns Begräbnisstätte. Doch im November 1922 fand er die Treppe, die zum Grab führte.

In der Vorkammer

Andächtig betraten Carter und sein Auftraggeber Lord Carnarvon die Vorkammer der Begräbnisstätte. Sie erblickten drei prächtige, vergoldete Betten, auf denen sich Dutzende von Gegenständen stapelten. Daneben befanden sich ein golden und silbern glänzender Thron und zahlreiche Behälter. Zwei lebensgroße Wächterstatuen hielten lange Stäbe in ihren Händen.

Ableiten: ä oder e

Die meisten Wörter mit ä stammen von Wörtern mit a ab. Dies kann man durch Ableiten überprüfen: andächtig – Andacht.

1. Finde zu den markierten Wörtern ein verwandtes Wort mit a und schreibe so:

   andächtig – die Andacht

sorgf_ltig
zw_ngten
Sch_tze
W_nde
pr_chtiger
S_rge
sch_tzungsweise
m_chtiger
tats_chlich

In der Grabkammer

Carter und Lord Carnarvon … sich durch eine … freigelegte Tür in die eigentliche Grabkammer. Malereien bedeckten die zartgelben …, ein goldener Schrein und kostbare … umgaben einen steinernen Sarkophag. Darin befanden sich drei ineinander liegende …, einer … als der andere. Im letzten Sarg, der aus purem Gold war und … 200 Kilo wog, lag die Mumie Tutanchamuns. Tutanchamun musste … ein … Pharao gewesen sein!

2. Schreibe den Text ab und ergänze die Sätze mit den Wörtern aus der Wolke. Beachte die Ableitungsregel.

Schatzkammer

Die Ausstattung (das Grab) drückte die Machtfülle (der Pharao) aus.

Die Pracht und der Glanz (der Schatz) waren unglaublich.

Die Wächterstatuen in der Vorkammer dienten als Ruheplatz (die Seele).

Die Wände (die Grabkammer) waren reich bemalt.

Nach dem Tod (der Regent) erwartete ihn die Reise in die Unsterblichkeit.

Deshalb war das Grab (der König) mit allem ausgestattet, was er auf der Reise dorthin benötigte.

3. Die Nomen und die Artikel in den Klammern stehen jeweils im Wer-Fall (Nominativ). Bilde jeweils den Wessen-Fall (Genitiv) und schreibe die Sätze richtig auf:

Das Pharaonengrab

Die Ausstattung des Grabes drückte ...

Das Geheimnis um Tutanchamun

Über dreitausend Jahre lang war der Name „Tutanchamun“ vergessen. Es existierte lediglich ein Ring mit seinen Schriftzeichen. Wie konnte es dazu kommen? Nach Tutanchamuns Tod ließ der nachfolgende Pharao die Tempel und alle Gebäude zerstören, die dieser erbaut hatte. Außerdem wurde auf seinen Befehl hin der Name von der Pharaonenliste gestrichen und überall durch seinen eigenen Namen ersetzt. So löschte der neue Regent die Erinnerung an Tutanchamun aus, der bereits als neunjähriger Junge den Thron bestiegen und nur zehn Jahre regiert hatte. Durch Carters Entdeckung aber hatte Tutanchamun seinen Namen zurückerhalten. Heute ist er der berühmteste Pharao Ägyptens.

prächtig
Gegenstand
Thron
Behälter
zwängen
Pharao
Tod
existieren
Regent
neunjährig
regieren
zurückerhalten

4. Übe den Text als Partnerdiktat.

Marie Curie und die Radioaktivität

Marie Curie war eine berühmte Physikerin, die als erste Frau zweimal den Nobelpreis erhielt. Mit dieser hohen Auszeichnung wurde sie für ihre Forschungen in Physik und Chemie geehrt. Zur damaligen Zeit war dies höchst außergewöhnlich, da die Männer in der Forschung die führende Stellung innehatten.

Maries Kindheit und Jugend

Marie wurde am 7. November 1867 in Warschau/Polen geboren. Sie hatte vier ältere Geschwister. Schon als Kleinkind fiel den Eltern auf, wie leicht sie lernte. Marie war außergewöhnlich ehrgeizig.

Marie und ihre Geschwister wurden zu Hause unterrichtet.
Die Mutter war Lehrerin.

Später mussten die Kinder eine öffentliche Schule besuchen.
Die Mutter wurde schwer krank.

Die Familie hatte wenig Geld zur Verfügung.
Die Behandlungskosten für die Mutter waren hoch.

Marie und ihre Schwester Bronia wollten in Paris studieren.
Frauen durften in Polen keine Universität besuchen.

Der Vater erklärte den Kindern gerne naturwissenschaftliche Phänomene.
Er liebte die Mathematik und Physik.

Zunächst arbeitete Marie in Polen als Hauslehrerin.
Sie finanzierte Bronia das Medizinstudium.

Anschließend bezahlte Bronia ihrer Schwester das Studium der Physik.
So hatten es die Geschwister vereinbart.

Bindewort „denn"

Sätze können mit **„denn"** verbunden werden. Vor **„denn"** steht ein Komma.

1. Verbinde die Sätze mit „denn". Denke an das Komma. Schreibe so:

   Marie Curie

   Marie und ihre Geschwister wurden zu Hause unterrichtet, denn die Mutter war Lehrerin.

Marie Curies Forschungsarbeit

Zusammen mit ihrem Mann, dem Physiker Pierre Curie, widmete sich Marie beharrlich ihren Forschungen. Als Labor diente ein alter Schuppen. Nach Jahren unermüdlicher, kräftezehrender Arbeit entdeckten sie das Element Polonium. Die Strahlung, die davon ausging, nannte Marie Curie „Radioaktivität". Für diese bahnbrechende Entdeckung erhielt sie 1903 zusammen mit ihrem Mann den Nobelpreis für Physik: Als erste Frau arbeitete sie gleichberechtigt mit ihrem Mann in der Forschung zusammen! Für die Entdeckung des Elements Radium erhielt sie 1911 den Nobelpreis für Chemie.

2. Für welche Entdeckungen erhielt Marie Curie als erste Frau zweimal den Nobelpreis?

Radioaktive Strahlen

Radioaktive Strahlen kann man nicht sehen, nicht schmecken und nicht riechen. In hohen Dosen sind sie sehr gefährlich, weil sie Körperzellen und Erbanlagen schädigen und zu Krebserkrankungen führen können.

Röntgenstrahlung

Mithilfe der radioaktiven Röntgenstrahlen kann in das Körperinnere geschaut werden. So können Operationen vermieden oder gezielter durchgeführt werden.

Krebstherapie

Krebszellen können durch gezielt eingesetzte radioaktive Radiumstrahlen zerstört werden. So kann vielen Menschen, die an Krebs leiden, geholfen werden.

Atomkraftwerk

Bei der Stromerzeugung in Atomkraftwerken entsteht radioaktive Strahlung. Es ist gefährlich, wenn diese Strahlung in die Umwelt gelangt.

3. Lies die Texte.
   Wie können radioaktive Strahlen genutzt werden?
   Welche Gefahren gehen von der Radioaktivität aus?
4. Viele Menschen sind gegen die Energiegewinnung in Atomkraftwerken. Können wir darauf verzichten?
   Schreibe deine Begründung auf.
5. Welche alternativen Energieformen kennst du?
   Beschreibe sie mit einigen Sätzen.

widmen
beharrlich
Strahlung
radioaktiv
gleichberechtigt

Eine abenteuerliche Safari

1. Betrachtet die Bilder.
2. Erzählt zu den ersten drei Bildern. Erzählt auch, was zwischen den Bildern geschieht.

3. Schaut euch das letzte Bild an und erzählt.
4. Was könnte auf dem vierten und fünften Bild geschehen sein? Schreibe einen Stichwortzettel.

5. Finde eine passende Überschrift und schreibe deine Geschichte auf.

6. Überprüft eure Geschichten in der Schreibkonferenz.

Auf Safari

Am frühen Morgen brach Familie Sommer mit ihrem Jeep in den Nationalpark auf. Sie fuhren lange über staubige Pisten und genossen die Landschaft. Über Schotterwege hinweg fuhr ihr Fahrzeug Richtung Kilimandscharo. Gemächlich fuhren sie zu einer Wasserstelle, um wilde Tiere zu beobachten. Als sie eine Zebraherde sahen, drosselte Herr Sommer das Tempo und ließ den Jeep langsam an ihnen vorbeifahren. Plötzlich näherte sich ein Nashorn. Herr Sommer gab Gas und fuhr davon. Gegen Abend fuhren sie auf der Schnellstraße zu ihrem Hotel zurück. Das war ein erlebnisreicher Tag.

7. Schreibe den Text ab und ersetze das Verb „fahren“ durch treffende Ausdrücke aus der Wolke.
8. Finde mit deinem Partner noch weitere Verben zum Wortfeld „fahren“.

Das Einhorn

Im Landkreis Osterode am Harz befindet sich die „Einhornhöhle“. Diese Höhle ist schon lange für ihre Knochenfunde bekannt. Früher dachte man, es würde sich um Einhorn- oder Drachenknochen handeln, weil die Funde von keinem damals bekannten Tier stammten. Im 17. Jahrhundert versuchten Wissenschaftler deshalb aus diesen Knochenfunden ein Einhornskelett zusammenzusetzen. Auch die Narwalhörner, die Seeleute von ihren Reisen mitbrachten, wurden als Beweise für die Existenz der Einhörner angesehen.
Heute weiß man, dass die Knochen vom Höhlenbären und vom Mammut stammen. Der Name der Höhle wurde trotzdem beibehalten.

Skelette von Mammut und Höhlenbär

Narwal

1. Betrachtet die Bilder und lest den Text.
2. Was erfahrt ihr über die Einhornhöhle?
   Weitere Informationen über die Höhle findet ihr im Internet (www.abc-der-tiere.de/sprachbuch4-links).
3. Warum wurden die Knochen als Einhornskelett gedeutet?

Das tapfere Schneiderlein

Das Einhorn kommt in vielen Geschichten und Märchen vor. Seit dem Altertum spielt es eine große Rolle in der Fantasie der Menschen. Im Märchen „Das tapfere Schneiderlein“ muss das Schneiderlein ein Einhorn für den König fangen.

Das tapfere Schneiderlein

Das tapfere Schneiderlein musste das Einhorn fangen.
Es richtete im Wald großen Schaden an.

Der Schneider fürchtete sich nicht vor dem Einhorn.
Er hatte bereits zwei Riesen besiegt.

Das Einhorn stürmte auf ihn los.
Es wollte ihn aufspießen.

Er sprang hinter einen Baum.
Er wollte das wilde Tier überlisten.

Das tapfere Schneiderlein konnte ihm den Strick um den Hals legen.
Es steckte mit dem Horn im Baum fest.

Nun erwartete der Held seinen Lohn.
Er hatte dem König das Einhorn gebracht.

1. Verbinde immer zwei Sätze mit dem Bindewort „weil“. Beachte das Komma und die Stellung des Prädikats. Schreibe so:

   Das tapfere Schneiderlein

   Das tapfere Schneiderlein musste das Einhorn fangen, weil es im Wald großen Schaden anrichtete.

2. Unterstreiche in jedem Satz das Komma, „weil“ und das Prädikat des zweiten Satzes.

   Das tapfere Schneiderlein musste das Einhorn fangen, weil es im Wald großen Schaden anrichtete.

Bindewort „weil“

Sätze können mit dem Bindewort (Konjunktion) **„weil“** verbunden werden. Vor „weil“ steht ein Komma, das Prädikat des zweiten Satzes rückt an das Satzende.

Der Drache – ein fantastisches Mischwesen

1. Drachen sind Wesen aus dem Reich der Fantasie. Ihre Gestalt setzt sich aus Körperteilen verschiedener Tiere zusammen.
   Welche Tiere könnt ihr in der Drachengestalt erkennen? Erzählt.

2. Bilde zu den Körperteilen des Drachen zusammengesetzte Nomen:

   ein Kopf wie ein Krokodil – Krokodilkopf

3. Finde zu jedem Körperteil ein treffendes Adjektiv. Schreibe so:

   ein furchterregender Krokodilkopf

4. Fertige eine Beschreibung des Drachen an mithilfe der erarbeiteten Begriffe. Beachte dabei die Reihenfolge vom Kopf bis zum Schwanz:

   <u>Der Drache</u>

   Der Drache hat ...

Siegfried und der Drache Fafnir

Der junge Siegfried war bei einem Schmied in der Lehre.
Er schmiedete sich aus dem härtesten Stahl ein Schwert und machte sich auf, den Drachen Fafnir zu besiegen.

Siegfried besiegt Fafnir

Siegfried erschrak.
Plötzlich schoss der Drache aus der Höhle heraus.

Fafnir züngelte gierig und stieß Feuer aus.
Er witterte sein Opfer.

Siegfried griff nach dem Schwert.
Das Ungeheuer erhob drohend die Klauen.

Der Held wich geschickt aus.
Der Drache schlug mit dem Schuppenschwanz um sich.

Das Wutgebrüll des Drachen hallte durch das Tal.
Die Schwerthiebe prasselten auf ihn nieder.

Das Blut schoss in Strömen aus der Wunde.
Das Schwert traf Fafnir tödlich.

Die Haut Siegfrieds wurde hart wie Horn.
Er badete im Blut des Drachen.

1. Verbinde immer zwei Sätze mit dem Bindewort „als“.
   Beachte das Komma und die Stellung des Prädikats.
   Schreibe so:

   Siegfried besiegt Fafnir

   Siegfried erschrak, als der Drache plötzlich aus der Höhle herausschoss.

2. Unterstreiche in jedem Satz das Komma, „als“ und das Prädikat des zweiten Satzes.

   Siegfried erschrak, als der Drache plötzlich aus der Höhle herausschoss.

Bindewort „als“

Sätze können mit dem Bindewort (Konjunktion) **„als“** verbunden werden.
Vor „als“ steht ein Komma, das Prädikat des zweiten Satzes rückt an das Satzende.

Die Abenteuer des Baron von Münchhausen

Hieronymus Carl Friedrich Freiherr von Münchhausen, bekannt als Baron von Münchhausen, lebte von 1720 bis 1797. Mit 18 Jahren trat er als Offizier in die russische Armee ein und nahm am Krieg gegen die Türken teil. 1750 kehrte er auf sein Gut nach Bodenwerder zurück.

Oft lud er am Abend Freunde ein. Nach dem Essen erzählte er von seinen vielen Abenteuern. Er schmückte seine Erlebnisse so fantasievoll aus, dass seine Erzählkunst bald berühmt wurde. 1785 wurden die ersten Erzählungen mit großem Erfolg veröffentlicht. Der Freiherr war nun weltberühmt, wurde aber als „Lügenbaron“ bezeichnet, was ihm gar nicht gefiel.

1. Lest den Text.
2. Was erfahrt ihr über den Freiherrn von Münchhausen?

Offizier
Armee
Abenteuer
fantasievoll
Erzählkunst
veröffentlichen
weltberühmt
Kundschafter
Durchschlupf
Stellung
wohlbehalten

Der Ritt auf der Kanonenkugel

Unsere Armee hat eine feindliche Stadt belagert. Sie ist so gut gesichert gewesen, dass kein Kundschafter einen Durchschlupf gefunden hat. Da habe ich eine Idee gehabt! Genau in dem Moment, als die Soldaten eine Kanone abgefeuert haben, bin ich auf die Kugel gesprungen. Während des Fluges habe ich die feindlichen Stellungen erkundet. Als eine feindliche Kanonenkugel auf unser Lager zugeflogen ist, habe ich mich auf sie hinübergeschwungen. Wohlbehalten bin ich wieder bei unserer Armee gelandet.

3. Schreibe den Text im Präteritum ab.
4. Was kann an der Geschichte nicht stimmen? Begründe.

Kopfkino – fantastische Geschichten

Die Lehrerin lädt die Klasse 4 c zu einer Fantasiereise ein:

„Wir spielen Kopfkino. Schließt die Augen und hört der Musik zu. An einem heißen Sommertag wandert ihr durch einen dunklen Wald. Plötzlich gelangt ihr auf eine Lichtung. Ihr verspürt Durst und trinkt aus einer nahe gelegenen Quelle. Da ihr müde werdet, legt ihr euch ins kühle Gras. Auf einmal erscheint …

Verstummt die Musik, ist die Reise zu Ende.“

> ***Kopfkino***
> Man schließt die Augen und stellt sich etwas vor.

1. Erzählt: Welche Wesen oder Personen stellen sich die Kinder vor?
2. Spielt selbst Kopfkino und stellt euch ein fantastisches Abenteuer vor.
3. Schreibe dein Abenteuer in der richtigen Reihenfolge in Stichworten auf.
4. Bildet Gruppen und erzählt die Geschichten mithilfe eurer Stichwörter: Finden die Zuhörer die Geschichten spannend?
5. Schreibe deine Geschichte auf.
   Bilde zu den Stichwörtern ganze Sätze. Finde eine passende Überschrift. Du kannst auch ein Bild dazu malen.

Wörter hören sich gleich an ...

Merkhilfen

A Wie lautet die Grundform oder zu welcher Wortfamilie gehört ein Wort?

So beginnen Märchen: Es war einmal ein König. ↔ Beim „Lügenbaron" fragen wir: Ist die Geschichte wahr?

„war" ist das Präteritum von der Grundform „sein", also kein „h".

„wahr" gehört zu Wahrheit, also: Einsilber auf l, m, n, r.

B Wir suchen zu einem der Wörter einen Satz, den wir uns merken können.

Der Fuchs wollte die Gans fressen. ↔ Das war nicht die ganze Geschichte.

Wenn ich beim Z ankomme, habe ich das ganze Abc aufgesagt.

C Wir suchen zu einem der Wörter ein Bildzeichen, das wir nicht vergessen.

Er wollte immer mehr. ↔ Er fuhr über das Meer.

D Wir verknüpfen mit einem der Wörter ein Bild oder eine Szene.

Münchhausen hielt ein Festmahl. ↔ Bodenwerder errichtete ein Denkmal für Münchhausen.

Dem Denkmal fehlt hinten etwas, also ohne „h".

1. Mit Merkhilfen können wir uns die richtige Schreibweise eines Wortes leicht einprägen. Sprecht über die 4 Beispiele.
2. Versuche selbst Merkhilfen zu finden:

   die Bären ↔ die Beeren, lies ↔ ließ, der Wal ↔ die Wahl, mahlen ↔ malen, das Liederbuch ↔ das Augenlid
3. Finde weitere Wortpaare und Merkhilfen.

… werden aber nicht gleich geschrieben

nicht mehr	die Meerestiere
ein paar Tage	ein neues Paar Schuhe
viel	fiel
immer wieder	Widerstand
der Wagen	die Waage

4. Welche Merkhilfe passt zu welchem Wortpaar?
5. Schreibe mit den Wörtern auf den Zetteln jeweils einen Satz und nutze die Merkhilfen. Schreibe so:

   Die Dinosaurier leben nicht mehr.
   Die Meerestiere leben im salzigen Wasser.

Münchhausen und sein treues Pferd

Die Türken flüchteten in ihre Festung und ich war dicht hinter ihnen. Auf dem Marktplatz angekommen, sah ich, dass der Feind die Stadt durch das hintere Tor schon wieder verlassen hatte. Da ließ ich mein Pferd am Marktbrunnen trinken. Es trank und trank, als wäre sein Durst nicht mehr zu löschen. Als ich mich umdrehte, war meine Überraschung groß. Das Hinterteil meines treuen Pferdes war fort und wie abgeschnitten. Das Wasser, das der Gaul trank, floss hinten einfach wieder heraus.
Mein Reitknecht berichtete mir, was sich zugetragen hatte. Als ich durch das Tor geritten war, fiel gerade das Schutzgatter herunter. Das Hinterteil meines Pferdes wurde glatt abgeschlagen und trabte munter auf die Weide zu den anderen Pferden. Sofort heftete der Hufschmied die beiden Teile wieder zusammen und die Wunde heilte in ein paar Tagen.

mehr
wider
Waage
Festung
ankommen
umdrehen
Überraschung
zutragen
Hufschmied
zusammenheften

6. Schreibe den Text als Partnerdiktat.

Tiere und Natur erleben und entdecken

Der Taubergießen – Dschungellandschaft am Oberrhein

Der Taubergießen ist ein Naturschutzgebiet für viele bedrohte Tier- und Pflanzenarten.

Schachbrettfalter
Eisvogel
Blässhuhn
Orchidee
Kuckuck
Kormoran
Haubentaucher
Buntspecht
Pirol
Biberratte

1. Betrachtet die Bilder und erzählt.
2. Welche Tiere und Pflanzen könnt ihr benennen?
3. Ordne den Kärtchen die passenden Fotos zu. Du kannst dich in Büchern und im Internet darüber informieren. Schreibe so:
   A: Buntspecht

1. Verbinde die Äußerungen der Kinder mit den Satzanfängen aus dem Busch. Schreibe so:
   Ich bin sicher, dass der Pirol gelb ist.

2. Bilde „dass“-Sätze mit passenden Satzanfängen:
   a) Der Taubergießen ist ein beliebtes Ausflugsziel.
   b) Ein Schwan schwimmt hinter einem Kahn.
   c) Viele Frösche quaken am Ufer.
   d) Viele Zugvögel aus dem Norden überwintern hier.
   e) Vogelkundler können seltene Vogelarten im Wasser beobachten.
   f) Im Frühjahr wird der Taubergießen oft überschwemmt.
   g) Ein Haubentaucher sitzt auf seinem Nest im Wasser.
   h) Auf den Wiesen wachsen verschiedene Orchideenarten.

Bindewort „dass“

Mit dem Bindewort (Konjunktion) **„dass“** können Sätze weitergeführt werden.
Vor „dass“ steht ein Komma, das Prädikat rückt ans Satzende.

Bärenleben

Andreas Kieling ist einer der bedeutendsten Naturfotografen Deutschlands. Er verbrachte viele Monate in Alaska, um Braunbären zu fotografieren und zu filmen. Er erzählt:

braunbären sind scheue einzelgänger im sommer aber treffen sich manchmal bis zu 60 tiere an den flüssen, um lachse zu fangen erfahrene bären gehen dabei sehr geschickt vor geduldig warten sie oberhalb von stromschnellen auf die flussaufwärts wandernden lachse wenn die lachse aus dem wasser springen, packen sie blitzschnell mit ihren tatzen zu oder schnappen sie mit ihrem maul sind die bären satt und müde, legen sie sich einfach in das kühle, kristallklare wasser und dösen

1. Lest den Text. Was erfahrt ihr über die Bären?
2. Schreibe den Text richtig auf. Setze Punkte und beachte die Großschreibung.

flussaufwärts
kristallklar
sowohl
vorsichtig
Energielieferant

Wenn Bären Beeren sammeln

„Pass auf, dass du nicht über einen Bären stolperst, wenn du Beeren pflücken gehst!“ Dieser Spruch ist in Alaska kein Witz. Sowohl als auch die Menschen sammeln im Herbst eifrig verschiedener Sträucher. Beim Pflücken können sie ungewollt aufeinandertreffen. Es sieht schon komisch aus, wenn ein dünnes Zweiglein in ihren Tatzen halten und vorsichtig abpflücken. Weil viel Zucker enthalten, dienen sie im Herbst als wichtiger Energielieferant.

3. Schreibe den Text ab und ergänze die Sätze mit ***die Bären*** oder ***die Beeren*** im richtigen Fall.

4. Schreibe mithilfe der Stichwörter auf den Karten einen Sachtext über den Braunbären. Schreibe so:

Der Braunbär

Braunbären kommen vor allem in Osteuropa, Nordasien, Westkanada, Alaska und Japan vor.

Kommas als Aufzählungszeichen

Wenn Wörter oder Satzglieder aufgezählt werden, wird ein Komma dazwischen gesetzt.

Vor dem letzten Wort der Aufzählung steht „und" bzw. „oder".

Aus dem Leben einer Bärin

Wenn der Herbst kommt, hat sich die Bärin eine dicke Fettschicht angefressen. Nun gräbt sie sich eine Höhle und macht sie zurecht. Mit Laub, Moos und Zweigen polstert sie ihren Schlafplatz aus. Mitten im Winter bringt sie ihre Jungen zur Welt. Wenn die Bärenkinder im Frühling das erste Mal mit ihrer Mutter einen Ausflug machen, erkunden sie neugierig ihre Umgebung. Bald sind sie hungrig und müde. Dann kuscheln sie sich eng an ihre Mutter, die sie liegend oder sitzend säugt. Wenn die Sonne untergeht, zieht sich die Familie in ihre Höhle zurück.

quieken
Lachs
Einzelgänger
Winterruher
Höhle

5. Übe den Text als Partnerdiktat.

Entdeckertour an der Ostsee

Lisa und Lukas verbringen mit ihren Eltern ein Wochenende auf Zingst an der Ostsee. Am frühen Abend schwingen sie sich auf die Fahrräder, weil der Vater ihnen etwas Besonderes zeigen möchte. Sie radeln zu einem Vogelbeobachtungsturm und schauen durch ihre Ferngläser auf die nahe gelegenen Wiesen. Plötzlich entdecken sie viele Kraniche am Himmel. Der Vater erklärt:

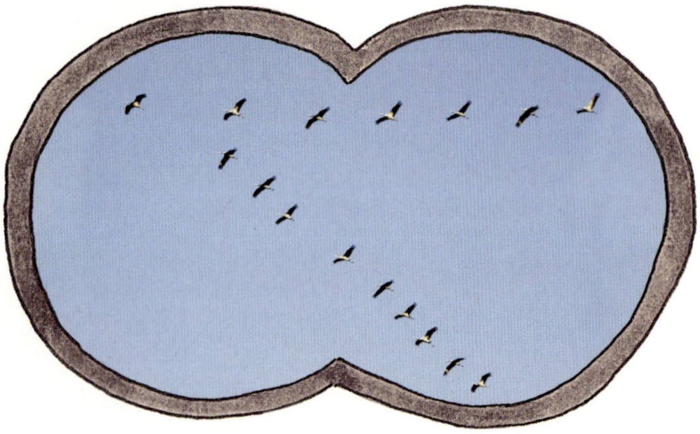

„Schaut mal Kinder, der Kranichschwarm sieht aus wie eine Pfeilspitze. Die Kraniche kommen aus Spanien und sind auf dem Weg in ihre Brutgebiete. Bestimmt wollen sie hier rasten. – Hört ihr ihre Rufe? Sie klingen wie eine Trompete."

„Klasse, da drüben ist ein tanzender Kranich! Seht nur, wie stolz er seine Flügel spreizt und vor dem Weibchen in die Luft springt! Mit diesem Balzverhalten wirbt er um seine Partnerin. Wusstet ihr, dass sich Kranichpaare ein Leben lang treu sind?"

„Jetzt zupft der balzende Kranich sogar einen Grasbüschel aus. Gleich wirft er ihn in die Luft, um seine Partnerin zu beeindrucken. – Aber in ein paar Tagen ziehen die meisten weiter nach Skandinavien, um zu brüten und ihre Jungen großzuziehen."

Kranich

Aussehen:
Alter:
Lebensraum:
Überwinterungsgebiete:
Nahrung:
Feinde:
Fortpflanzung:
Typisches Verhalten:

1. Betrachtet die Bilder und lest die Texte.
2. Fasse in einem kurzen Sachtext zusammen, was du über die Kraniche erfahren hast.
3. Informiere dich über die Flugroute der Kraniche in ihre Überwinterungsgebiete in Büchern oder im Internet (www.abc-der-tiere.de/sprachbuch4-links).
4. Fertige einen Steckbrief über den Kranich an.

Bernstein – das Gold der Ostsee

1. Betrachtet das Bild und erzählt.
2. Wart ihr schon einmal an der Ostsee?
   Was habt ihr am Strand entdeckt?
3. Habt ihr selbst Bernstein gefunden?
   Was wisst ihr darüber?

Bernstein ist ein ganz besonderer „Stein"

Harz ist ziemlich klebrig.
Es fließt aus dem Baum.

Aus diesem Harz wird über Jahrmillionen Bernstein.
Es versteinert.

Bernstein findet man am Strand oder im Wasser.
Es stürmt an der Ostsee.

Das fossile Harz löst sich vom Meeresgrund.
Der Wind wühlt das Wasser auf.

Der leichte Bernstein kann mit Keschern herausgeholt werden.
Er wird angeschwemmt.

Der Bernstein erhält seine schöne Farbe und den Glanz.
Er wird geschliffen.

Bindewort „wenn"

Mit dem Bindewort (Konjunktion) **„wenn"** können Sätze weitergeführt werden.
Vor „wenn" steht ein Komma, das Prädikat rückt ans Satzende.

4. Verbinde immer zwei Sätze mit dem Bindewort „wenn".
   Beachte das Komma und die Stellung des Prädikats.
   Schreibe so:

   <u>Bernstein ist ein ganz besonderer „Stein"</u>
   Harz ist ziemlich klebrig, wenn es aus dem Baum fließt.

spreizen
balzen
treu
Harz
ziemlich
fossil
aufwühlen

Die „h-Regel“

Eine berühmte Samtpfote

Der kohlrabenschwarze Kater Nero wird an einem kühlen Novembermittag Schlag zwölf Uhr auf einem Bauernhof in Italien geboren.
Mit seiner weißen Pfote fühlt er dem Hofhund auf den Zahn, schleckt Rahm von der Milch des Bauern und stibitzt kühn die Eier der Hühner.
Deshalb führt er bald den Namen „Nero Corleone“, der Schwarze mit dem Löwenherzen.
Mit Frechheit und Charme erobert er die Herzen der deutschen Urlauber Isolde und Robert, die den Kater und seine Schwester Rosa mit nach Köln nehmen. Nero und seine Gefährtin erkunden die deutsche Großstadt, bis die Sehnsucht den Kater wieder nach Italien führt.

„h“-Regel

Wortstämme und Einsilber auf l, m, n, r schreiben wir mit „h“.

1. Suche aus dem Text alle Wörter mit dem „stummen h“ und schreibe sie auf.
2. Kreise jeweils den Buchstaben nach dem „stummen h“ ein. Was fällt dir auf? Welche Buchstaben sind eingekreist?
3. Schreibe die Grundform (Infinitiv), die Personalform und den Wortstamm der Verben aus den Eiern in eine Tabelle. Schreibe so:

Grundform (Infinitiv)	Wortstamm	Personalform
ehren	ehr	er ehrt

stibitzen
bohren
lehren
abwehren
verwöhnen

4. Suche vier Wortstämme aus Aufgabe 3 aus und bilde jeweils eine Wortfamilie. Nutze das Wörterbuch.

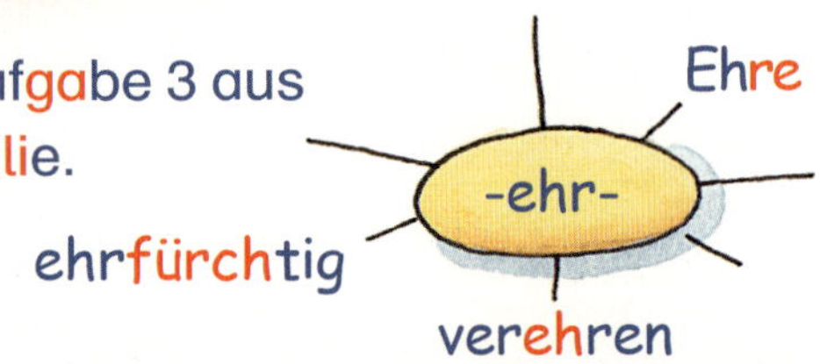

5. Besprecht die Zuordnung der Wortkarten an der Tafel.
6. Schreibe das Tafelbild ab und ordne die übrigen Karten zu. Unterstreiche Doppelstarter **grün** und die Starter T/t **rot**.

h-Nebenregeln

1. Bei Doppelstarter (z. B. Sp, St, Schw) schreiben wir kein Dehnungs-h.
2. Bei Starter T, t steht ebenfalls kein Dehnungs-h.

Abschied und Neubeginn

Das angene🐾me Leben in Köln endet mit Rosas Tod. Dieses Ereignis wirft Nero völlig aus der Ba🐾n. Plötzlich quä🐾lt i🐾n die Se🐾nsucht nach seiner Heimat Italien se🐾r. Auf i🐾rer Urlaubsfa🐾rt ne🐾men Isolde und Robert den traurigen kleinen Kerl mit. Schwe🐾ren Herzens verlässt er die beiden und schlüpft durch die Tü🐾r des Ferienhauses in Italien, um neue Abenteuer zu erleben. Er folgt den Spu🐾ren seiner Kindheit und findet dadurch in ein neues Leben.

7. Schreibe den Text ab. Überlege bei den Wörtern mit der Katzenpfote, ob du ein „h“ ergänzen musst. Wende die „h-Regel“ und die beiden „h-Nebenregeln“ an.

Fabeln

Der Rabe und der Fuchs

Ein Rabe saß auf einem Baum und hielt im Schnabel einen Käse; den wollte er verzehren. Da kam ein Fuchs daher, der vom Geruch des Käses angelockt war.
„Ah, guten Tag, Herr Rabe!“, rief der Fuchs.
„Wie wunderbar Sie aussehen! Wenn Ihr Gesang ebenso schön ist wie Ihr Gefieder, dann sind Sie der Schönste von allen hier im Walde!“
Das schmeichelte dem Raben, und das Herz schlug ihm vor Freude höher. Um nun auch seine schöne Stimme zu zeigen, machte er den Schnabel weit auf.
Da fiel der Käse hinunter und der Fuchs schnappte ihn.
Der Fuchs sagte: „Mein guter Mann, nun haben Sie es selbst erfahren: Ein Schmeichler lebt auf Kosten dessen, der ihn anhört – diese Lehre ist mit einem Käse wohl nicht zu teuer bezahlt.“

nach La Fontaine

Fabel

Fabeln sind kurze Geschichten, in denen sich Tiere wie Menschen verhalten. Der Leser soll etwas aus der Fabel lernen (Lehre/Moral).

1. Lies die Fabel.
2. Welche Tiere kommen in der Fabel vor? Was geschieht?
3. Beschreibt das Verhalten der Tiere.
4. Lest die Fabel mit verteilten Rollen (Sprecher, Fuchs, Rabe).

Aufbau einer Fabel

Der Handlungsverlauf einer Fabel besteht aus vier Teilen.

1. Ausgangssituation
Welche Tiere begegnen sich in der Fabel?
Für welche Eigenschaften (groß/klein, mächtig/schwach, listig/eitel) stehen sie?
Wo treffen sie sich?

2. Handlung
Wie verhalten sich die Tiere?
Welche List wendet der Fuchs an?
Warum fällt der Rabe darauf herein?

3. Ergebnis
Wie endet die Geschichte?
Wie fühlt sich der Fuchs?
Wie fühlt sich der Rabe?

1. Gliedere den Handlungsverlauf der Fabel „Der Rabe und der Fuchs“. Beantworte die Fragen zu den einzelnen Teilen und schreibe so:

<u>Der Rabe und der Fuchs</u>
Ausgangssituation: In der Fabel begegnen sich ...
Handlung: ...
Ergebnis: ...

4. Lehre / Moral
Was soll der Leser lernen?

2. Am Schluss jeder Fabel steht die Lehre/Moral.
   Ordnet die Lehren den Fabeln zu.

(A) Hüte dich vor Eitelkeit!

(B) Nur gemeinsam gelangen wir ans Ziel!

(C) Verachte die Kleinen nicht!

Tiere mit menschlichen Eigenschaften

Merkmale einer Fabel

- sprechende Tiere als Stellvertreter für Menschen
- handelnde Tiere mit gegensätzlichem Charakter
- handelnde Tiere mit bestimmtem Artikel in der Überschrift
- knappe Formulierung der Handlung im Präteritum
- enthält häufig eine Lehre/Moral, die im Präsens steht

In der Fabel verhalten sich Tiere wie Menschen. Sie haben typische menschliche Eigenschaften und können miteinander sprechen. Sie haben keine Namen.

1. Welche Eigenschaften haben der Rabe und der Fuchs in der Fabel? Wähle für jedes Tier die Eigenschaften aus dem Käse, die es in der Fabel besitzt.

   Schreibe so:

   Eigenschaften von Fuchs und Rabe

der Fuchs	der Rabe
schlau	...

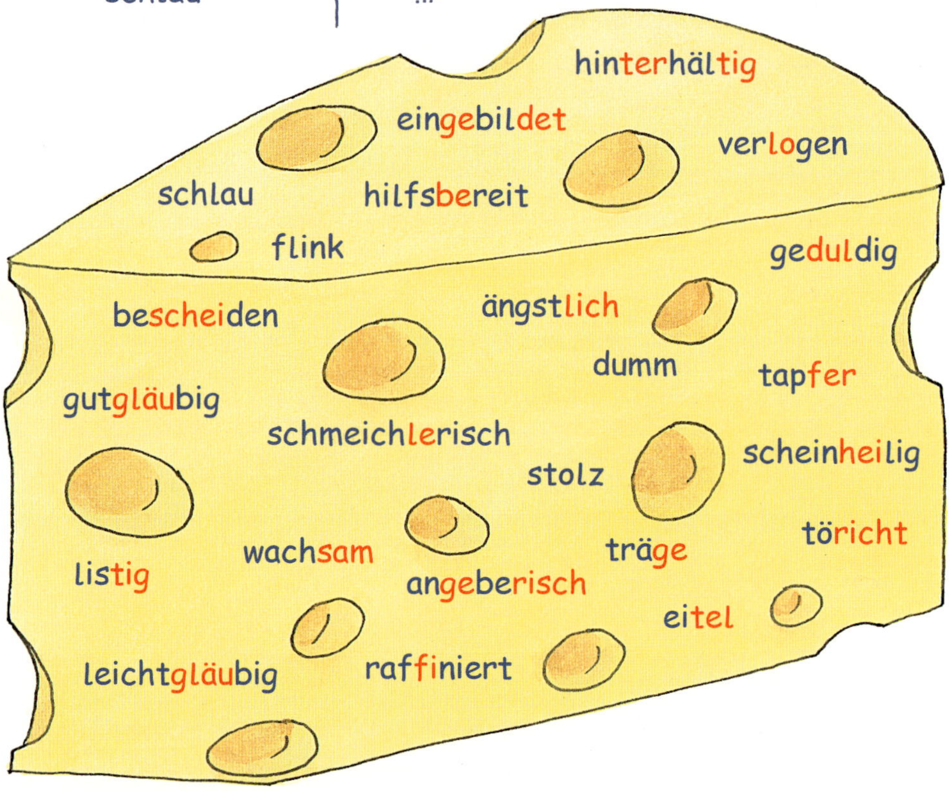

2. Mit welchen Schmeicheleien weckt der Fuchs die Eitelkeit des Raben? Schreibe so:

   Der Fuchs rief: „..."

3. Welche Lehre erteilt der Fuchs dem Raben? Schreibe so:

   Der Fuchs sagte: „..."

4. Erkläre mit deinen eigenen Worten, was der Fuchs dem Raben sagen will. Schreibe in dein Heft.

5. Was wäre passiert, wenn der Rabe nicht auf die Schmeicheleien des Fuchses hereingefallen wäre? Schreibe in dein Heft.

Die Lerche und der Frosch

1. Betrachtet die Bilder und erzählt.
2. Welche Eigenschaften sprichst du den beiden Tieren zu? Wähle Adjektive aus der Wolke aus und schreibe sie in eine Tabelle. Schreibe so:

   Eigenschaften von Lerche und Frosch

die Lerche	der Frosch
...	...

3. Wähle eine Lehre/Moral aus.

   Übermut tut selten gut.

   Hochmut kommt vor dem Fall.

4. Schreibe eine Fabel. Vergiss die Überschrift nicht.
5. Stelle deine Fabel in der Schreibkonferenz an folgenden Stationen vor:

   Sprechen die Tiere?

   Haben die Tiere gegensätzliche Charaktereigenschaften?

   Enthält die Fabel eine Lehre/Moral im Präsens?

   Ist die Fabel kurz und im Präteritum geschrieben?

dumm
eitel
angeberisch
größenwahnsinnig
ängstlich
geduldig
herausfordernd
hochmütig
scheinheilig
raffiniert
tapfer
eingebildet
verschlagen
übermütig

Orte – nah und fern: Eine Reise durch Europa

Kolosseum

Basilius-Kathedrale

Brandenburger Tor

Windmühle

Eiffelturm

Hofreitschule

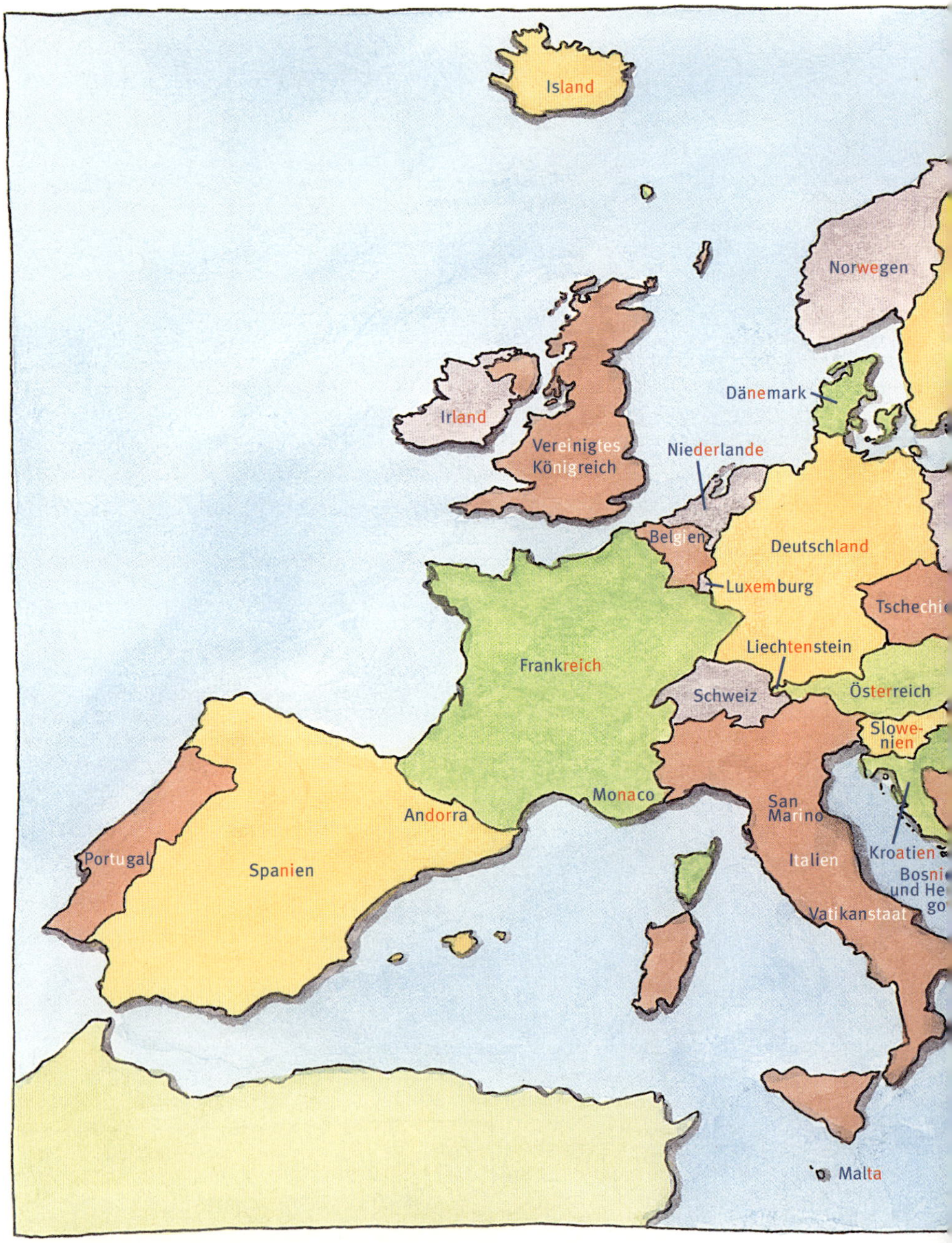

1. Kennt ihr die abgebildeten Sehenswürdigkeiten? Ordnet sie den Ländern auf der Karte zu.

2. Bringt von zu Hause Fotos oder Postkarten anderer Sehenswürdigkeiten mit. Stellt sie der Klasse vor und lasst sie den Ländern zuordnen.

Europa und der Stier

Eine alte griechische Sage erzählt,
woher der Erdteil Europa seinen Namen hat:

Fern von Griechenland wuchs einst die wunderschöne Königstochter Europa heran. Zeus, der Göttervater, verliebte sich in sie.
Er verwandelte sich in einen prächtigen Stier und machte sich auf den Weg nach Asien. Er näherte sich der Prinzessin, die mit den anderen Mädchen tanzte.
Europa bekränzte die Hörner des zahmen Stiers mit Blumen und schwang sich dann auf seinen Rücken.
Im gleichen Augenblick trabte der Stier davon.
Bald erreichten sie den Strand. Auf ihrer Reise über das Meer erzählte Zeus Europa, wer er in Wirklichkeit war.
Als sie endlich angekommen waren, erkundigte sich Europa nach dem Namen des Landes. Zeus nahm wieder menschliche Gestalt an und erklärte feierlich: „Das ist die Insel Kreta und ich bin der König dieses Landes. Dich habe ich zur Königin auserwählt."
Sie willigte ein und er fuhr fort: „Der Erdteil, auf dem du nun stehst, soll für alle Zeiten deinen Namen tragen: Europa."

Merkmale von Sagen

- Ort der Handlung wird genannt
- Sagen beziehen sich auf tatsächliche Ereignisse
- Sagen erklären, woher ein Name kommt
- In Sagen ereignen sich magische Dinge
- In Sagen werden die Taten eines Helden erzählt

wachsen
wunderschön
Augenblick
Gestalt
auserwählen

1. Lest den Text. Erzählt die Sage mit eigenen Worten.
2. Welche Personen kommen vor? Schreibe auf.
3. An welchen Orten spielt die Sage? Schreibe auf.
4. Warum ist die Geschichte von Zeus und Europa eine Sage? Schreibe drei Gründe auf.
5. Übe den Text als Partnerdiktat.

Ein Brief an den Europaabgeordneten

Die Klasse 4c hat eine Waldputzaktion durchgeführt. Die Kinder sammelten eine Menge Müll und stellten fest, dass der Verpackungsmüll aus verschiedenen europäischen Ländern stammt. Deshalb schreiben sie einen Brief an den Europaabgeordneten Matthias Schmidt.

Mittelstadt, den 17.05.20

Sehr geehrter Herr Schmidt,

bei unserer Waldputzaktion fiel uns auf, dass die Verpackungen von Produkten aus verschiedenen Ländern Europas umweltschädlich sind und nicht verrotten. Deshalb wenden wir uns mit folgender Bitte an Sie:

Können Sie sich dafür einsetzen, dass die Erzeugnisse umweltverträglich verpackt werden und so weniger Müll anfällt?

Bitte sprechen Sie das Thema im Europaparlament an. Eine einheitlich europäische Regelung wäre von großem Nutzen für unsere Umwelt. Wir danken Ihnen für Ihren Einsatz.

Mit freundlichen Grüßen

Ihre Klasse 4c
Grundschule Mittelstadt

1. Lest den Brief. Mit welcher Bitte wendet sich die Klasse 4c an den Europaabgeordneten?
2. Warum wenden sich die Kinder an einen Europaabgeordneten?
3. Welches Anliegen ist euch wichtig? Schreibt einen Brief an einen Politiker in der Höflichkeitsform.
4. Informiert euch über die Aufgaben des Europaparlaments.

Info

Das Europäische Parlament hat seinen Sitz in Straßburg.

Seine Abgeordneten entscheiden über Regeln, an die sich alle europäischen Mitgliedsstaaten halten sollen, z. B. in der Landwirtschaft, der Energiepolitik, im Umweltschutz, in der Forschung und im Bereich der Bürgerrechte.

Höflichkeitsform

Die Pronomen in der Höflichkeitsform schreiben wir groß:

Sie, Ihnen, Ihr, Ihre.

europäisch
Produkt
umweltschädlich
verrotten
Erzeugnis
Einsatz

Ein Land in Europa

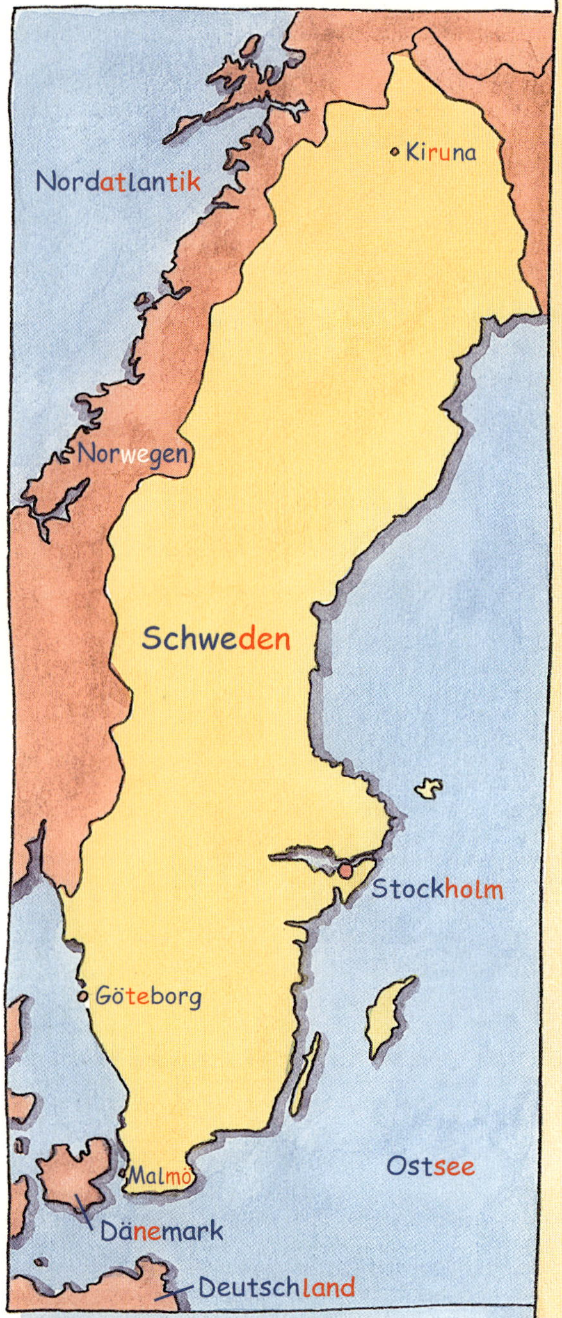

Schweden

Das Königreich Schweden ist ein Land in Nordeuropa und hat etwa 9,4 Millionen Einwohner. Die Hauptstadt ist Stockholm, die Landessprachen sind Schwedisch und Samisch.

Bezahlt wird mit der Schwedischen Krone. Schweden grenzt an Norwegen, Finnland und Dänemark. Es ist ein waldreiches Land mit mehr als 220 000 Inseln und 100 000 Seen.

Im Norden Schwedens kann man im Sommer die Mitternachtssonne erleben und im Winter die Polarlichter.

Schweden ist ein beliebtes Reiseziel für Familien und Naturliebhaber. Sie verbringen ihren Urlaub in landestypischen roten Holzhäusern oder auf dem Campingplatz.

Mit etwas Glück kann man Elche sehen. Ein bedeutender Feiertag ist in Schweden das Mittsommernachtsfest, das um den 24. Juni gefeiert wird.

Die berühmteste schwedische Schriftstellerin ist Astrid Lindgren, die Erfinderin von Pippi Langstrumpf.

Der schwedische Chemiker Alfred Nobel entwickelte 1866 den Sprengstoff Dynamit. Nach seinem Tod kam der größte Teil seines Vermögens in eine Stiftung, aus der seit 1901 jährlich die Nobelpreise vergeben werden.

Schweden

Lage:
Hauptstadt:
Einwohner:
Sprache:
Währung:
Tourismus:
Tiere:
Feste:
Berühmtheiten:

1. Lest den Text. Was erfahrt ihr über Schweden?
2. Wart ihr schon einmal in Schweden? Erzählt.
3. Erstelle einen Steckbrief. Die Stichwörter an der Seite helfen dir dabei.

Ein Lernplakat gestalten

Schweden

Schweden allgemein

Hauptstadt: Stockholm
Einwohner: 9,4 Mio.
Sprache: Schwedisch, Samisch
Währung: Schwedische Krone

Ein Wahrzeichen von Schweden ist der Elch.

Naturschauspiele

Mitternachtssonne
Im Sommer ist in Nordschweden um Mitternacht die Sonne sichtbar.

Polarlicht
Das Polarlicht ist eine Leuchterscheinung, die durch die Sonne hervorgerufen wird.

Berühmtheiten

Alfred Nobel
Stifter des Nobelpreises

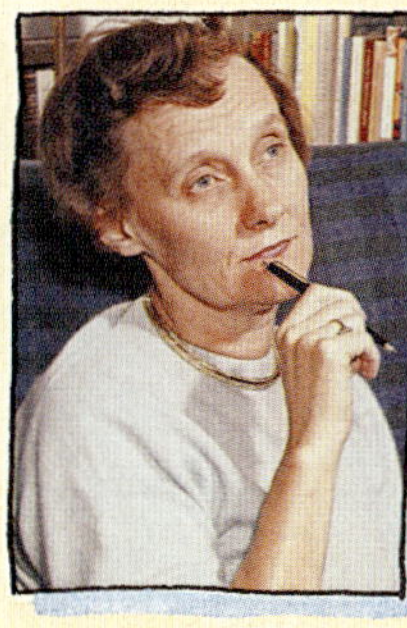

Astrid Lindgren
Kinderbuchautorin

König Carl Gustaf und Königin Silvia

Landestypisch sind die roten Holzhäuser.

Ein wichtiger Feiertag in Schweden ist das Mittsommernachtsfest.

1. Wie sind die Informationen aus dem Text auf dem Plakat dargestellt? Sprecht darüber.
2. Wähle ein europäisches Land aus und sammle Informationen und Bilder aus Büchern, Zeitschriften oder dem Internet (www.abc-der-tiere.de/sprachbuch4-links).
3. Erstelle einen Steckbrief. Was möchtest du mit Bildern oder mit Texten darstellen?
4. Schreibe kurze Infotexte und Bildunterschriften gut lesbar auf Papierstreifen. Klebe sie auf und gestalte eine Überschrift.
5. Stelle der Klasse das Land mithilfe des Lernplakats vor.

Ein ***Lernplakat***
zeigt übersichtlich wichtige Informationen zu einem Thema.
Wichtige Elemente:
- große Überschrift
- kurze Infotexte
- Bilder, Karten, Statistiken …

Das Brandenburger Tor – Symbol der Einheit

Als 1945 der zweite Weltkrieg zu Ende war, wurde Deutschland von den vier Siegermächten USA, Frankreich, Großbritannien und der Sowjetunion in vier Zonen aufgeteilt. Auch Berlin wurde aufgeteilt. Das Brandenburger Tor stand mitten im Sperrgebiet und konnte nicht mehr durchquert werden.

1949 wurden die zwei deutschen Staaten „Bundesrepublik Deutschland“ (BRD) und „Deutsche Demokratische Republik“ (DDR) gegründet.
Es kam zu Spannungen zwischen den Siegermächten.

Am 13. August 1961 begann die „DDR“-Regierung mit dem Bau der Berliner Mauer.
Die Grenze zwischen den beiden deutschen Staaten war nicht mehr durchlässig.

Viele Bürger der „DDR“ waren sehr unzufrieden.
Sie waren in ihrem Land eingesperrt.

1989 demonstrierten sie wochenlang für eine Öffnung der Grenze.
Es war sehr gefährlich.

Am 9. November 1989 fiel die Berliner Mauer.
Der Widerstand der Bürger wurde immer größer.

Das Brandenburger Tor ist das Symbol der deutschen Einheit.
Die Menschen aus Ost und West sind wieder vereint.

1. Verbinde die Sätze. Überlege, welches Bindewort (Konjunktion) am besten passt.

   damit | obwohl | als | seit | weil

2. Wart ihr schon einmal am Brandenburger Tor?
   Was wisst ihr über die Berliner Mauer und die „DDR“?
   Erzählt.

durchqueren
demonstrieren
wochenlang

Deutsch: Eine Sprache – viele Mundarten

Manchmal können sich Menschen aus verschiedenen Gegenden Deutschlands schwer untereinander verständigen, da die deutsche Sprache viele Mundarten kennt.

1. Jeder sagt in seiner Mundart „Guten Tag!“. In welchem Bundesland begrüßen sich so die Menschen? Sprecht darüber.
2. Lies die Strophe von Max und Moritz in den verschiedenen Mundarten.

Hochdeutsch

Max und Moritz, im Verstecke,
schnarchen aber an der Hecke
und vom ganzen Hühnerschmaus
guckt nur noch ein Bein heraus.
Dieses war der zweite Streich,
doch der dritte folgt sogleich.

Westoberdeutsch (Alemannisch)

Max und Moritz sind vesteckt,
schnarchlet, dasses andere weckt,
und vum letschte Hennefuß
guckt nu no en Knoche rus.
So en zweite Lumpe - Streich
sieht nu schlimme Buebe gleich.

Mitteldeutsch (Sächsisch)

Doch dorweele im Vorschdägge
grunsen d Räbchen um de Wädde,
un vom gansn Hiehnorkleen
schield häraus nur noch ä Been.
S zweede Ding hammse gedrehd,
guggmor ma, wies weidorgehd.

Oberdeutsch (Bairisch)

Im Versteck liagn frech und gsund,
d Wamperl voi und kugelrund,
rechts da Moritz, links da Maxl,
ausm Mai schaugt no oa Haxl.
S war de zwoate Lumperei,
weita geht's mit Numma drei.

Niederdeutsch (Ostfriesisch)

Max un Moritz dick un rund
snurken achter d Heeg up d Grund.
Blot een Stückje Höhnerbeen
kannst vant Ferenveeh noch sehn.
Süh, dat weer Streek Nummer twee –
gliek kummt nu Streek Nummer dree!

3. Wähle eine Mundart aus und übersetze sie ins Hochdeutsche. Die hochdeutsche Strophe hilft dir.
4. Kennst du eine weitere Mundart? Schreibe die Strophe in dieser Mundart.

Freiburg im Breisgau

Sehenswürdigkeiten

1. Münster
2. Martinstor
3. Schwabentor
4. Altes Rathaus
5. Alte Universität
6. Bertoldsbrunnen
7. Historisches Kaufhaus

Stadtgeschichte

1120 Gründung der Stadt, Verleihung des Stadtrechts
1200 Beginn des Münsterbaus
1457 Gründung der Universität
1845 Eröffnung des Bahnhofs
1944 Luftangriff mit 3000 Toten
1992 Freiburg wird „Ökohauptstadt"

Berühmte Freiburger

Berthold Schwarz
lebte im 14. Jahrhundert. Er war Mönch und Erfinder.

Bartholomä Herder
lebte von 1774 bis 1839. Er war Verleger.

Karl von Rotteck
lebte von 1775 bis 1840. Er war Staatswissenschaftler.

1.

2.

3.

4.

5.

6.

7.

Strom- und Wasserbereitung mithilfe von Sonnenkollektoren

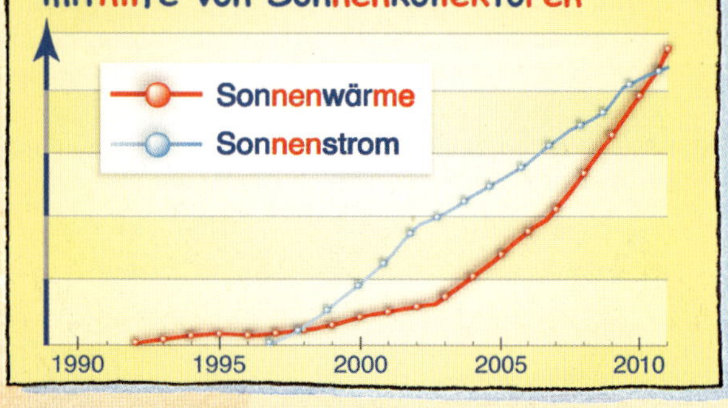

Verkehrsteilnehmer

Das Schaubild zeigt, wie viele von hundert Menschen welches Verkehrsmittel verwenden.

1. Die Kinder der 4c haben Informationen über die Stadt Freiburg gesammelt und ein Lernplakat gestaltet. Was erfahrt ihr über die Stadt?
2. Beantwortet folgende Fragen:
   a) Wann feiert die Stadt Freiburg ihr 900-jähriges Bestehen?
   b) Welcher bedeutende Freiburger gilt als Erfinder des Schießpulvers („Schwarzpulver")?
   c) Welches Bauwerk wurde nach Herzog Bertold III., einem der Gründer der Stadt, benannt?
   d) Freiburg ist sehr umweltfreundlich. Wie haben sich Sonnenstrom und Sonnenwärme in den letzten Jahren entwickelt.
   e) Wie hat sich der Verkehr entwickelt?

Bei einem Stadtrundgang erzählt die Stadtführerin der Klasse 4c über die „Freiburger Bächle“:

Die Bächle sind ein Wahrzeichen der Stadt Freiburg. Bereits im Jahr 1120 hat es „Bächle“ zur Bewässerung von Feldern gegeben. Weil das Trinkwasser der öffentlichen Brunnen nicht ausgereicht hat, hat man das Bächlewasser auch zum Tränken der Tiere genutzt. Seit jeher haben die Bächle das Regenwasser aus der Stadt geleitet und haben dabei allerlei Schmutz abtransportiert. Außerdem hat dieses Wasser als Löschwasser gedient. Der Volksmund sagt, dass derjenige, der unbeabsichtigt in ein Bächle getreten ist, einen Freiburger oder eine Freiburgerin heiratet.

1. Schreibe den Text ab und setze die Verben der zusammengesetzten Vergangenheit (Perfekt) in die einfache Vergangenheit (Präteritum).

Wie das Schwabentor zu seinem Namen kam

im Schwabenland lebte einmal ein reicher Bauer dieser beschloss die Stadt Freiburg zu kaufen mit zwei Weinfässern voller Goldmünzen machte er sich auf den Weg in Freiburg unterbreitete er dem Bürgermeister sein Angebot ich möchte eure schöne Stadt kaufen und biete dafür zwei Fässer mit Goldmünzen der Bürgermeister brach in schallendes Gelächter aus und sagte eine Stadt ist tausendmal mehr wert als zwei Fässer voll Gold der Bauer öffnete die Fässer anstatt des Goldes kam aber nur Sand zum Vorschein da verhöhnte ihn der Bürgermeister die sparsame Frau des Bauern hatte heimlich das Gold durch Sand ersetzt seither heißt das Tor, durch das der Schwabe einst gekommen war, „Schwabentor“.

Wahrzeichen
transportieren
unterbreiten
anstatt
verhöhnen

2. Schreibe den Text ab und ergänze die fehlenden Satzzeichen. Achte auf die Großschreibung am Satzanfang und die wörtliche Rede.

Das Verb in verschiedenen Positionen im Satz

Ein Schauspieler kann verschiedene Rollen in einem Theaterstück spielen. So können auch Verben im Satz verschiedene Positionen einnehmen.

Verben als Subjekt

Bilden Verben das Satzglied „Subjekt", werden sie großgeschrieben.

Die Sportler … um den Sportplatz.
Das … macht durstig.

Die Jungen … ein Buch.
Das … macht ihnen Spaß.

Die Kinder … einen Brief.
Das … gelingt gut.

Die Mädchen … im See.
Das … macht hungrig.

schreiben
laufen
lesen
schwimmen

1. Finde für jedes Satzpaar ein passendes Verb aus der Wolke und schreibe die Sätze auf. Unterstreiche in jedem Satz das Prädikat **grün** und das Subjekt **gelb**.
2. Schreibe die Sätze ab und ergänze die fehlenden Buchstaben.

Am Abend fällt mir das …esen schwer.

Alle …äumen das Gerümpel aus Plastik auf.

In den Alpen …lettern die Kinder auf einen Berg.

Das …ochen in der großen Küche macht den Kindern Spaß.

Bei schönem Wetter ist das …egeln ungefährlich.

Darsteller
Gerümpel
Plastik

Dachbodenluft schmeckt anders

Jo hat Schwierigkeiten mit seinem Stiefvater. Weil er „Idiot“ zu ihm gesagt hat, wird Jo auf dem Dachboden eingesperrt.

der Vater / verbietet / Jo / das Fluchen

Jo / unterdrückt / das Weinen

seine Schwester / findet / den Dachbodenschlüssel

Jule / bringt / ihm / eine Taschenlampe

die Dachbodenluft / gibt / Jo und Jule / ein gutes Gefühl

Jos Mutter / untersagt / dem Vater / das Einsperren

Satzglieder

- Subjekt
- Prädikat
- Wem-Ergänzung
- Wen-/Was-Ergänzung

1. Schreibe die Sätze auf und unterstreiche die Satzglieder in den entsprechenden Farben. Schreibe so:
   Der Vater verbietet Jo das Fluchen.

AUF DEM DACHBODEN

JO FAND SEINE LAGE ZUM HEULEN. ZITTRIG VOR WUT HOCKTE ER ZWISCHEN PLASTIKTÜTEN UND GERÜMPEL. PLÖTZLICH HÖRTE ER DAS KLAPPERN EINES SCHLÜSSELBUNDES. SEINE NEUE SCHWESTER JULE ÖFFNETE DIE TÜR. JOS AUGEN WAREN VOM WEINEN GERÖTET. JULE SETZTE SICH AUF JOS ALTES DREIRAD. IM SITZEN UNTERHIELTEN SIE SICH ÜBER DIE BESONDERE DACHBODENLUFT. NACH EINER WEILE BESCHLOSSEN SIE, SICH DEN NÄCHSTEN VERSCHLAG ANZUSEHEN. JULE HALF JO BEIM KLETTERN ÜBER DIE TRENNWAND. DORT HATTEN SIE SPAß AM SPIELEN MIT EINER MODELLEISENBAHN. NUN FAND JO SEINE „GEFÄNGNISSTRAFE“ GAR NICHT MEHR SO SCHLIMM.

2. Schreibe den Text richtig ab und unterstreiche alle Verhältniswörter mit verstecktem Artikel und das nachfolgende Verb:
   Auf dem Dachboden
   Jo fand seine Lage zum Heulen. Zittrig …

Verben als Satzergänzung

Bilden Verben eine Satzergänzung, werden sie ebenfalls großgeschrieben. Der Artikel weist darauf hin. Manchmal versteckt sich der Artikel im Verhältniswort:

zum:	zu dem
beim:	bei dem
am:	an dem
im:	in dem
vorm:	vor dem
ans:	an das
ins:	in das

Medien

A Tag der Einschulung

B Ausflug zur Burg

C Beim Ranger im Naturpark

D Besuch der Ernährungsberaterin

E Bei der Feuerwehr

F Im Schulmuseum

G Bei der Zeitung

H Nistkastenbau für Fledermäuse

I Im Zoo

1. Betrachtet die Bilder und erzählt.
2. Welche Erinnerungen habt ihr an die Grundschulzeit?
3. Wie wollt ihr eure Erinnerungen festhalten?

Klassenzeitung: Eine Mindmap erstellen

Die Klasse 4 c will ihre Erinnerungen in einer Klassenzeitung festhalten. Zur Vorbereitung dient eine Mindmap.

1. Besprecht die Mindmap.
2. Erstellt eine Mindmap für eine Klassenzeitung von eurer Klasse.

kopieren
Titel
Sponsor
korrigieren

Klassenzeitung: Arbeitsplan

Mithilfe eines Arbeitsplans verteilen die Schüler der Klasse 4c das Schreiben der Themenbeiträge und die Arbeitsschritte zur Herstellung der Klassenzeitung.

1. Erstellt einen Arbeitsplan für eure Klasse.
2. Schreibt eure Beiträge.
3. Stellt die Texte dem Überarbeitungsteam vor.

Arbeitsschritt
Thema
Team

Klassenzeitung: Gestalten mit dem Computer

Wenn du am Computer einen Text schreibst, kannst du ihn vielfältig gestalten: Du kannst die Schriftart und die Schriftgröße verändern oder ein Wort hervorheben, indem du es fett, kursiv oder unterstrichen darstellst. Probiere es einmal aus.

1. Schreibe den Satz „Wir besuchen die Feuerwehr." in den Schriftarten Times New Roman, Comic Sans und Arial.

   Times New Roman: Wir besuchen die Feuerwehr.

2. Schreibe die Überschrift „Besuch bei der Feuerwehr" in den Schriftgrößen 18, 20, 24 auf:

   Schriftgröße 18: Besuch bei der Feuerwehr

3. Schreibe das Wort „Feuerwehr" **fett**, *kursiv* und unterstrichen auf:

   fett: Wir besuchen die **Feuerwehr**.

   kursiv:

Am Computer kann man noch viel mehr gestalten, beispielsweise lassen sich Fotos und Zeichnungen hinzufügen. Dies muss man in einem Kurs lernen oder sich von jemandem helfen lassen, der sich gut mit dem genutzten Programm auskennt.

Kommandant
vielfältig
hervorheben

Klassenzeitung: Letzte Arbeitsschritte

Die Schüler der Klasse 4 c haben die einzelnen Seiten ihrer Klassenzeitung fertiggestellt. Was müssen sie noch tun?

1. Sprecht über die Arbeitsschritte.
2. Welches ist die richtige Reihenfolge dieser Arbeitsschritte?

Die fertige Klassenzeitung

So sehen zwei fertige Seiten der Klassenzeitung aus.

Klassenzeitung

4 c

Astrid-Lindgren-Schule

Bei der Feuerwehr

Im dritten Schuljahr besuchten wir gemeinsam die *Feuerwehr*. Dort empfing uns Herr Schmidt, der Kommandant. Er beantwortete alle Fragen, die wir ihm stellten. Er zeigte uns ein Feuerwehrauto von innen. Herr Schmidt schaltete das Martinshorn für uns an. Er erklärte uns, dass der Heilige Florian der Schutzpatron der Feuerwehr ist. Danach gingen wir nach draußen, dort ließ er eine große Feuerwehrleiter ausfahren. Zum Schluss erzählte Herr Schmidt, was in diesem Jahr schon alles passiert ist.

Lisa

1. Besprecht die Gestaltung.
   Was findet ihr gut? Was würdet ihr anders machen?

Zum Schuljahresende verkauft die Klasse 4 c ihre Klassenzeitung im Pausenhof.

2. Wo wollt ihr eure Klassenzeitung verkaufen?

Werbung

Die Klasse 4 c untersucht ein Werbeplakat.

Werbung

Mit Werbung soll Aufmerksamkeit für eine Botschaft erzeugt werden. Werbung will die Menschen beeinflussen, im Sinne der Botschaft zu handeln. Dadurch sollen wir meistens veranlasst werden, bestimmte Produkte oder Dienstleistungen zu kaufen.

1. Hier seht ihr ein Werbeplakat.
   Wo begegnet euch noch Werbung?
2. Was macht dieses Werbeplakat interessant? Beschreibt.
3. Wie wird für das Erfrischungsgetränk geworben?
   Untersuche den Aufbau des Werbeplakats mithilfe der Checkliste.
   Schreibe so:

   Produktname: ZISCH
   Werbespruch / Schlagzeile:
4. Adjektive spielen in der Werbung eine wichtige Rolle.
   Schreibe die Adjektive auf. Was fällt dir auf?
5. Bringt Werbeprospekte mit und untersucht anhand der Checkliste die beworbenen Produkte.

exotisch
Checkliste
veranlassen
Dienstleistung

Ein Werbeplakat gestalten

In der Werbung werden oft Adjektive verwendet, die positive Aspekte hervorheben und dabei stark übertreiben.

1. Bilde werbewirksame Kombinationen von Adjektiven. Schreibe so:
   knackfrisch ...

2. Auch englische Wörter werden häufig verwendet. Finde die deutsche Übersetzung zu den englischen Begriffen und schreibe so:
   happy – fröhlich

3. Bildet Gruppen und gestaltet mithilfe der Checkliste ein Werbeplakat für einen Trinkjoghurt. Beachtet die Sprechblasen.

Werbung: Pro und Kontra

Lena und Jakob äußern ihre Meinung über Werbung.

behaupten
entgegnen
meinen
widersprechen
feststellen
erwidern

Prospekt
Vorteil
pfiffig

1. Lest die Meinung der Kinder zum Thema „Werbung“.
2. Was meint ihr zu den Aussagen der Kinder?
   Wer ist für Werbung, wer dagegen?
3. Schreibe das Gespräch zwischen Lena und Jakob auf.
   Schreibe die Begleitsätze und verbinde die Sätze in den Sprechblasen mit „weil“:

   Lena behauptet: „Ich finde Werbesprüche nervig, weil sie so oft wiederholt werden.“

   Jakob entgegnet: „…“
4. Befrage Erwachsene zum Thema Werbung.
   Welche Meinungen vertreten sie?
   Schreibe ihre Meinungen auf.

In der Werbeagentur

In einer Werbeagentur arbeiten Personen mit verschiedenen Aufgaben.

1. Erzählt zu den Bildern.
2. Ordne die Tätigkeitsfelder den Personen zu, die bei der Entstehung von Werbung beteiligt sind. Schreibe so:

In der Werbeagentur

Der Auftraggeber ist eine Person oder ein Unternehmen und gibt …

Er entwickelt Konzepte und wirkungsvolle Texte für Werbemittel.

Eine Person oder ein Unternehmen gibt Werbung für ein Produkt in Auftrag.

Er bestimmt mit dem Auftraggeber die Ziele, die Zielgruppe und die Werbemittel der Werbeaktion.

Er gestaltet die Werbemittel mit Bildern und Texten und stellt Druckvorlagen her.

3. Welche weiteren Medien werden in der Werbung eingesetzt?

Jahreszeiten – Frühling

Die Blumen tanzen Rock'n'Roll

1. Die Blumen tanzen Rock'n'Roll,
die Bäume treiben's auch ganz toll.
Die Vögel singen laut im Chor,
der Wind flüstert uns was ins Ohr.
Kein Matsch, kein Eis, kein Schnee –
Winter ade!

2. Das Wetter ist so klar und mild,
die Halme sprießen heut wie wild.
Die Knospen platzen, ei der Daus,
da schauen bunte Blüten raus.
Kein Matsch, kein Eis, kein Schnee –
Winter ade!

3. Wir laden ein paar Freunde ein,
dann geht es los im Sonnenschein.
Mal querfeldein durch Wald und Flur
zur BMX-Gelände-Tour.
Kein Matsch, kein Eis, kein Schnee –
Winter ade!

Text und Melodie: Wolfgang Spode
Fidula-Verlag, Boppard/Rhein

1. Lest die Liedstrophen.
2. Singt das Lied und bewegt euch im Takt dazu.

Frühlings-Haiku

Blumen blühen auf.
Kahle Wiesen werden bunt.
Der Frühling ist da.

Die Schwalben sind da.
Die Vögel jubilieren.
Hallo Frühlingszeit.

Die Bienen summen.
Frühlingsdüfte steigen auf.
Die Sonne scheint warm.

Haiku

Das Haiku ist eine Gedichtform aus Japan. Es bezieht sich auf die Natur.

So ist es aufgebaut:

1. Zeile: 5 Silben

2. Zeile: 7 Silben

3. Zeile: 5 Silben

3. Schreibe selbst ein Frühlings-Haiku und gestalte ein Schmuckblatt.
4. Stellt die Schmuckblätter in der Klasse vor.

Frühling – Maibräuche

1. Erzählt zu den Bildern.
2. Einige Maibräuche sind über viele Jahrhunderte hinweg entstanden. Welche der Bräuche kennt ihr?
3. Ordnet den Bildern den entsprechenden Text zu.

(1) In manchen Orten wird in der Nacht auf den 1. Mai ein festlich und aufwändig geschmückter Maibaum aufgestellt.

(2) Mit dem Tanz in den Mai wird vielerorts die warme Jahreszeit begrüßt.

(3) In der Nacht zum 1. Mai feiern die Hexen der Sage nach die Walpurgisnacht auf dem Blocksberg im Harz (Brocken).

(4) Verliebte junge Männer stellen dem Mädchen ihrer Wahl in der Mainacht gerne eine junge Birke vor das Haus.

(5) In vielen Ländern ist der 1. Mai ein gesetzlicher Feiertag. Er wird auch „Tag der Arbeit" genannt. Ursprünglich demonstrierten die Arbeiter für einen 8-Stunden-Arbeitstag.

(6) In vielen Dörfern wird ein Maikönig bestimmt. Dieser ernennt seine Auserwählte zur Maikönigin.

4. Kennt ihr noch andere Maibräuche?

Frühling – Muttertag

Anna Jarvis – Begründerin des Muttertages

Der US-Amerikanerin Anna Jarvis gelang es, einen offiziellen Feiertag zu Ehren der Mütter einzuführen. Alles begann im Jahr 1907 mit einem Gedenkgottesdienst für ihre verstorbene Mutter. Im Jahr darauf fand eine Andacht für alle Mütter statt. Sechs Jahre später, am 8. Mai 1914, erklärte die US-Regierung den Muttertag offiziell zum nationalen Feiertag.

In Deutschland wird der Muttertag seit 1923 gefeiert. An diesem Tag bereiten viele Kinder ihren Müttern eine Freude. Sie tragen Gedichte vor, überreichen selbst gebastelte Geschenke oder bereiten das Frühstück zu. Muttertag ist immer am zweiten Sonntag im Mai.

1. Lest den Text. Was haltet ihr von Anna Jarvis' Idee?
2. Womit machst du deiner Mutter eine Freude?
3. So kannst du deiner Mutter eine Freude machen:

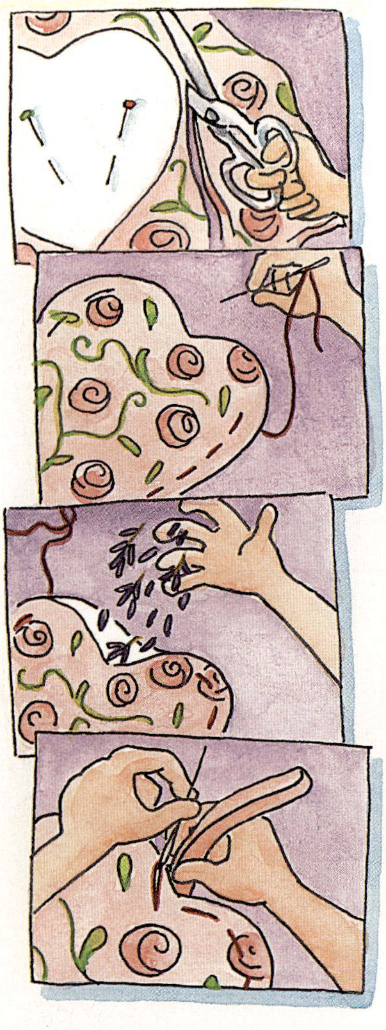

Lavendelherz

Du brauchst:
- Stoffreste, Tüllreste
- Schleifenband, 25 cm lang
- getrocknete Lavendelblüten
- Nadel, Faden, Stecknadeln
- Zackenschere, Bleistift

- Male ein Herz auf den Tüll und lege ihn auf den Stoff.
- Stecke den Tüll mit den Stecknadeln auf dem Stoff fest.
- Schneide das Herz mit der Zackenschere aus.
- Lege das Tüllherz auf das Stoffherz und nähe sie bis auf eine kleine Öffnung zusammen.
- Fülle die Lavendelblüten in das Herz.
- Nähe das Herz zu.
- Forme mit dem Schleifenband eine Schlaufe und nähe sie oben am Herz fest.

Frühling – Wildkräuter

Bei einem Spaziergang durch die Natur findet ihr viele Wildkräuter. Diese können vielseitig verwendet werden.

Spitzwegerich

Der Spitzwegerich wächst fast überall. Bei einem Insektenstich zerreibt man einige Spitzwegerichblätter und legt sie auf die Einstichstelle. Die Wirkung setzt sofort ein.

Löwenzahn

Löwenzahn findet man fast überall. Aus den Blüten kann man einen Sirup zubereiten.

Bärlauch

Der Bärlauch wird auch „Wilder Knoblauch" genannt. Beim Zerreiben der Blätter riecht er wie Knoblauch. So kannst du ihn von den Blättern des giftigen Maiglöckchens unterscheiden.

1. Lest die Informationen zu den Wildkräutern.
2. Probiert die Rezepte für den „Löwenzahnhonig" und die „Bärlauchbutter" aus.
   Achtung: Wildkräuter solltest du nur mit Erwachsenen sammeln, die sich gut auskennen.

Löwenzahnhonig

Du brauchst:

- 200 Blüten
- $\frac{1}{2}$ l Wasser
- 500 g Zucker
- Saft einer $\frac{1}{2}$ Zitrone

- Löwenzahnblüten waschen
- in $\frac{1}{2}$ l Wasser aufkochen und über Nacht stehen lassen
- durch ein Sieb drücken, Flüssigkeit auffangen
- mit Zucker und Zitronensaft etwa eine Stunde lang aufkochen
- noch heiß in ein Glas füllen und verschließen

Bärlauchbutter

Du brauchst:

- 125 g weiche Butter
- 10 Bärlauchblätter
- Saft einer $\frac{1}{2}$ Zitrone
- Salz, Pfeffer

- gewaschene Bärlauchblätter fein hacken
- unter die Butter rühren
- mit Salz, Pfeffer und Zitronensaft abschmecken

Wenn der Sommer kommt

1. Wenn der Sommer kommt,
bleib ich nicht mehr im Haus.
Denn der Sonnenschein
lockt uns alle hinaus.
Oma, Opa und mich und die Kinder
aus der ganzen Nachbarschaft.
Darum glaube mir,
wenn der Sommer kommt,
dann spürst du neue Kraft.

2. Wenn der Sommer kommt,
spiel'n die Kleinen im Sand
und die Großen fahr'n
mit dem Fahrrad durchs Land.
Lach die Leute an,
denn auf einmal
sind sie alle nett zu dir.
Weil im Sommerwind jeder seine
schlechte Laune gleich verliert.

Nach „In the Summertime". Melodie: Ray Dorset, Text: Michael Holm, © Broadley Music Int. Ltd., Associated Music Int. Ltd., Sony/ATV Music Publishing (Germany GmbH), Berlin

1. Singt das Lied und lernt den Text auswendig.
2. Stellt Wörter für ein Sommer-ABC zusammen.
   Ihr könnt dazu ein Lexikon oder ein Wörterbuch verwenden.
   Schreibt in eurer schönsten Schrift und gestaltet die Anfangsbuchstaben aus.

Sommer – die Sonne

Warum wird es Sommer?

Innerhalb eines Jahres bewegt sich die Erde einmal um die Sonne. Durch die Schrägstellung der Erdachse haben wir verschiedene Jahreszeiten. Wenn sich die nördliche Erdhalbkugel der Sonne zuneigt, ist bei uns Sommer. Neigt sich die nördliche Erdhalbkugel von der Sonne weg, ist bei uns Winter.

1. Erklärt, wann auf der Südhalbkugel Sommer und wann Winter ist.

Die Hand-Sonnenuhr

Für die Hand-Sonnenuhr benötigst du nur ein kleines Stöckchen, das als Sonnenuhrzeiger dient. Mithilfe deiner Hand kannst du dann die Uhrzeit ablesen.

2. Probiere die Hand-Sonnenuhr am Nachmittag aus: Klemme das Stöckchen zwischen Daumen und Zeigefinger der **rechten** Hand. Die flach ausgestreckte Hand zeigt nach **Osten**.
3. Am Vormittag nimmst du das Stöckchen in deine **linke** Hand und streckst sie nach **Westen**. Finde heraus, wo die Uhrzeiten auf der Hand stehen.

Sommer – ein Wachsgedicht schreiben

Wachsgedicht

1. **Zeile:** Nomen
2. **Zeile:** Ergänzung des Nomens mit einem weiteren Nomen mit passender Präposition
3. **Zeile:** Erweiterung durch ein vorangestelltes Adjektiv
4. **Zeile:** Ergänzung mit einem weiteren Nomen mit Adjektiv und dem Bindewort „und“
5. **Zeile:** Nomen von Zeile 1

1. Lest das Gedicht. Was fällt euch an dieser Gedichtform auf?
2. Schreibe selbst ein Wachsgedicht zum Thema Sommer.
3. Zur Abkühlung könnt ihr im Sommer einen Schwamm-Staffellauf mit zwei Mannschaften durchführen.

Schwamm-Staffellauf

Ihr braucht:
- 4 Eimer
- 2 Schwämme
- eventuell Badekleidung

Vorbereitung:
- gleiche Wassermengen in 2 Eimer füllen
- Start- und Ziellinien in etwa 15 m Entfernung aufmalen
- gefüllte Wassereimer mit den Schwämmen vor die Startlinie stellen
- leere Wassereimer vor die Ziellinie stellen

Spielverlauf:

Die beiden Mannschaften stellen sich hinter der Startlinie auf. Nach dem Startsignal tauchen die ersten Läufer die Schwämme in die Eimer. Sobald sich die Schwämme vollgesogen haben, rennen die Läufer zu den leeren Eimern, drücken die Schwämme aus, rennen zurück und übergeben die Schwämme. Gewonnen hat diejenige Mannschaft, die am meisten Wasser im Eimer hat.

Sommer – lecker und lustig

Eiscreme – selbst gemacht

Du brauchst:
- 500 g reife Früchte (z. B. Erdbeeren)
- 250 ml Sahne
- 6 Esslöffel Honig

- Früchte waschen
- gewaschene Früchte mit dem Honig in einem Mixer pürieren
- Sahne steif schlagen
- geschlagene Sahne vorsichtig mit den pürierten Früchten vermischen
- Masse in eine Plastikdose füllen, ins Gefrierfach stellen und mit einem Deckel verschließen
- die Masse nach 1 Stunde sorgfältig umrühren, damit sich keine Eiskristalle bilden
- nach einer weiteren Stunde ist die Eiscreme fertig

1. Bereite selbst eine leckere Eiscreme zu.
2. Singt das Lied.

Die vier Jahre geh'n zu Ende

Text: Rita Mölders / Dorothee Schröder
Melodie: Kontakte Musikverlag: Reinhard Horn

Jahreszeiten – Herbst

1. Herbst ist wieder, tausend Blätter tanzen mit dem Wirbelwind.
   Tausend dürre Raschelblätter tanzen mit dem Wind.
   Hoiho, tralalalala, tanzen mit dem Wirbelwind.
   Hoiho, tralalalala, tanzen mit dem Wind.

Text und Melodie: Gerda Bächli
Musikverlag zum Pelikan, Hug & Co., Zürich

1. Singt das Lied und lernt den Text auswendig.
2. Was ist das?
   Kannst du die vier Rätsel lösen?
   Die Bilder auf der Seite helfen dir.

Er steht im Wald,
wenn's nicht zu kalt.
Ihm steht so gut
sein breiter Hut
aus braunem Filz.
Hallo, Herr …

Der Wind zieht an den Haaren.
Zum Himmel steigen Scharen
– Hörst du die Kinder lachen? –
von selbst gebauten, bunten …

Er bewegt sich um mich her
und raschelt im großen Blättermeer.
Er ist des weiten Himmels Kind.
Du ahnst es schon – es ist der …

Ich turne flink und munter
die Bäume rauf und runter.
Der Kobel heißt mein Haus.
Sieht wie 'ne Kugel aus.
Im Wald hab ich versteckt,
wenn mich der Hunger weckt,
die Früchte von der Eich'
wie heiße ich denn gleich?

3. Erfinde eigene Herbst-Rätsel.

Herbst – Herbstmädchen

Herbst-Tanka

Vögel ziehen weg.
Die Blätter fallen leise.
Drachen fliegen hoch.
Winde wehen übers Land.
Der Herbst ist angekommen.

Tanka

Ein Tanka ist eine alte japanische Gedichtsform mit 31 Silben.

1. Zeile: 5 Silben
2. Zeile: 7 Silben
3. Zeile: 5 Silben
4. Zeile: 7 Silben
5. Zeile: 7 Silben

1. Schreibe selbst ein Herbst-Tanka. Gestalte ein Schmuckblatt.
2. Stellt die Schmuckblätter der Klasse vor.
3. Mit bunten Herbstblättern könnt ihr ein Herbstmädchen basteln.

Herbstmädchen

Du brauchst:
- Papier, Bleistift, Buntstifte
- gepresste Blätter in verschiedenen Farben und Größen
- Getreidehalme mit Ähren
- Gräser, Rispen
- Alleskleber

- Zeichne auf das Blatt den Umriss eines Mädchens mit einem weiten Rock.
- Gestalte das Gesicht mit den Buntstiften aus.
- Beklebe den Rock mit großen Blättern wie Dachziegel. Beginne am Saum.
- Klebe auf das Oberteil kleine Blätter in anderer Farbe. Verwende für die Arme lange, schmale Blätter.
- Nimm für die Haare Gräser oder kleine Rispen.
- Lege dem Mädchen z. B. einen Ährenstrauß oder Herbstblumen in die Arme. Klebe alles gut fest.

Herbst – ein Naturschauspiel

Altweibersommer

Die letzten sonnigen Tage im September werden „Altweibersommer“ genannt. Woher kommt dieser Name?
Nach kühlen Septembernächten bildet sich Tau an den Spinnweben.
Zum einen bezeichnet das altdeutsche Wort „weiben“ „das Knüpfen von Spinnweben“.
Zum anderen glitzern die Fäden im Sonnenlicht wie lange, silbergraue Haare.
Früher glaubten die Leute, dass alte „Weiber“ diese beim Kämmen verloren haben.

Goldener Oktober

Der Begriff „Goldener Oktober“ bezieht sich auf die Laubfärbung der Bäume, die Anfang Oktober beginnt.
In den Blättern befinden sich grüne, gelbe und rote Farbstoffe. Im Herbst wird der grüne Blattfarbstoff (Chlorophyll) in den Blättern zerlegt, in andere Pflanzenteile transportiert und dort bis zum nächsten Frühling gespeichert. Deshalb werden nun die gelben und roten Farbstoffe in den Blättern sichtbar, die für die bunte Färbung der Blätter im Herbst verantwortlich sind.

1. Lest die Texte.
2. Kennt ihr weitere Ausdrücke für die letzten warmen Herbsttage?

Herbst – rund um den Apfel

Die Apfelapotheke

Äpfel enthalten viele Vitamine und Spurenelemente. Sie befinden sich vorwiegend in der Schale oder direkt darunter.
Folgende Redewendung ist in England bekannt:
„An apple a day keeps the doctor away."

apple – Apfel
day – Tag
keep away – fernhalten

1. Warum sollten Äpfel ungeschält gegessen werden?
2. Übersetze die englische Redewendung ins Deutsche. Kannst du sie erklären?

Apfelflammkuchen

Du brauchst für den Teig:
- 300 g Mehl
- 125 ml Mineralwasser
- 4 Esslöffel Öl
- 1 Prise Salz

Du brauchst für den Belag:
- 1 Becher Crème fraîche
- 50 ml Sahne
- 2 Äpfel (Boskop)
- 80 g Zucker, mit Zimt gemischt
- etwas Zitronensaft

- Mehl, Öl, Wasser und Salz zu einem glatten Teig verarbeiten
- Crème fraîche mit der Sahne verrühren
- Äpfel schälen und in dünne Scheiben schneiden
- Apfelscheiben mit Zitronensaft beträufeln
- Teig etwa 3 – 5 mm dick ausrollen und auf ein mit Backpapier ausgelegtes Blech legen
- Teig mit der Crème fraîche-Mischung bestreichen und mit den Apfelscheiben belegen
- mit Zimtzucker bestreuen
- Flammkuchen im vorgeheizten Backofen bei 220° Celsius etwa 15 Minuten backen

3. Backt selbst einen leckeren Apfelflammkuchen. Achtung: Den Backofen nur zusammen mit Erwachsenen benutzen.

Jahreszeiten – Winter

Herr Winter stammt vom Kaukasus

1. Herr Winter stammt vom Kaukasus. Er ist ein alter Mann,
   hat einen Wickel um die Brust und sieben Mäntel an.
   Er hat seit tausend Jahren schon die Gicht im linken Bein.
   Drum webte man in seinen Thron zehn Katzenfelle ein.
2. Sein dicker Schal aus Wolle ist geschlungen um den Hals.
   Der Nordwind ist sein Leibgardist, der Westwind ebenfalls.
   Als starke Wachen schützen ihn der Raureif und der Frost.
   Auch machte er zum Paladin den strengen Wind aus Ost.
3. Herr Winter ist ein armer Mann, denn springt im warmen März
   der kecke junge Lenz heran, schleicht Angst ihm in das Herz.
   Ja, die Tyrannen sind nicht froh, Tyrannen sind verbittert.
   Sie selber zittern ebenso, wie man vor ihnen zittert.

Text: James Krüss
Melodie: Heinz Lemmermann
Fidula-Verlag, Boppard/Rhein

Kaukasus:
Gebirge zwischen Europa und Asien

Leibgardist:
Leibwächter

Paladin:
Freund und Berater eines Ritters

Lenz:
Frühling

1. Lest die Liedstrophen.
2. Singt das Lied und lernt es auswendig.

Akrostichon

Ein Akrostichon ist eine griechische Gedichtform, bei der senkrecht gelesene Buchstaben am Zeilenanfang ein Wort ergeben.

3. Schreibe selbst ein Akrostichon zu dem Wort „Winter“.

Winter – Vogelfütterung

Futterglocke

Du brauchst:

- Blumentopf aus Ton (Durchmesser etwa 12 cm)
- 150 g Schweineschmalz
- Haferflocken
- Rosinen
- gehackte Nüsse
- Sonnenblumenkerne
- feste Schnur (etwa 1 m)
- 2 Stöckchen (5 cm, 30 cm)

- Lege die zwei Stöckchen zu einem Kreuz aufeinander und umwickle sie fest mit der Schnur.
- Stecke das Kreuz von unten durch das Loch im Blumentopf.
- Ziehe das Schnurende ebenfalls durch das Loch und knote eine Schlaufe.
- Knete in einer Schüssel zimmerwarmes Schmalz zusammen mit den übrigen Zutaten.
- Fülle die Futtermischung in den Blumentopf und drücke sie fest.
- Lege den Tontopf in die Kälte, bis das Schmalz fest ist.

Nun kannst du die Futterglocke an einem Baum aufhängen.

1. Stellt selbst eine Futterglocke her. Welche Vögel besuchen den Futterplatz?
2. Finde weitere „Warum …?“-Fragen zum Thema „Tiere im Winter“ und beantworte sie.

Warum frieren Enten im Winter nicht auf dem Eis fest?

Wasservögel haben immer kalte Füße. Wären sie warm, würde das Eis unter ihren Füßen zunächst schmelzen. Sobald aber die Füße genügend abgekühlt wären, würden sie zusammen mit dem geschmolzenen Wasser auf dem Eis festfrieren.

Warum plustern sich Amseln im Winter zu einer Federkugel auf?

Vögel haben immer dieselbe Körpertemperatur. Bei Kälte plustern sie ihr Gefieder zu einer Kugel auf. Zwischen den Federn entstehen Luftpolster, die vor der Kälte schützen. Die Kugelform hat zudem die kleinste Oberfläche, sodass nur wenig Wärme verloren geht.

Winter – einen Holzscheitengel basteln

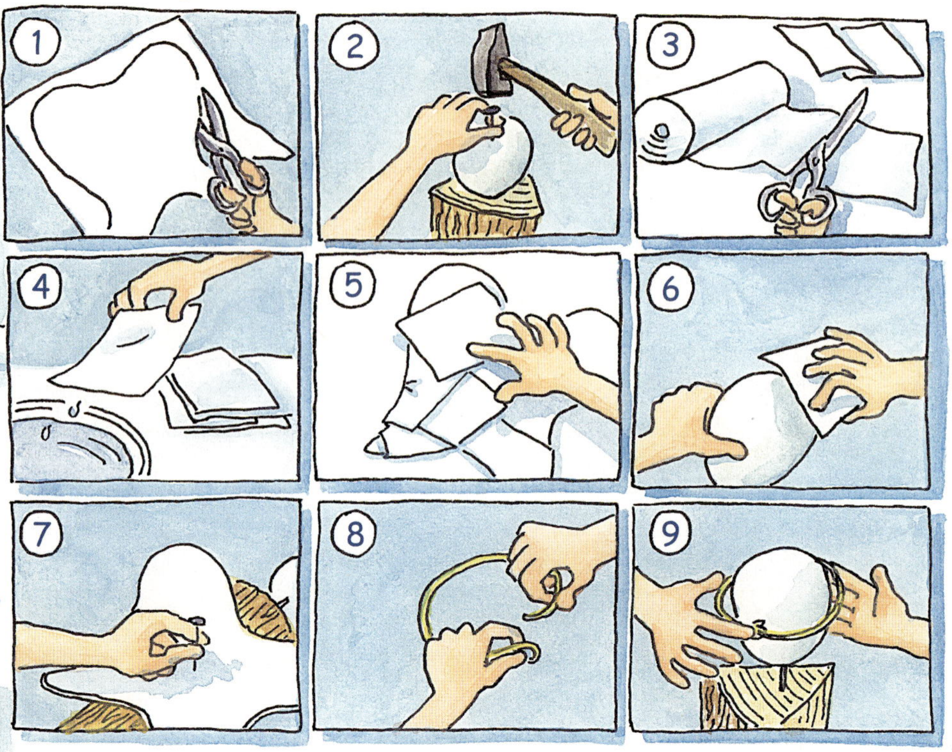

Holzscheitengel

Du brauchst:

- 1 Styroporkugel, 12 bis 15 cm Durchmesser
- 3 Päckchen Gipsbinden
- 1 standfester Holzscheit, 30 bis 50 cm lang
- 1 Nagel, 10 cm lang
- 2 Nägel, 4 cm lang
- weißer Fotokarton
- Silberdraht
- 1 Schälchen mit Wasser
- Hammer
- Schere
- Bleistift

1. Betrachtet die Bilder mit den einzelnen Arbeitsschritten und beschreibt sie.
2. Ordnet die Arbeitsanweisungen den Bildern zu und schreibt sie in der richtigen Reihenfolge auf.

(A) Beklebe beide Seiten der Engelsflügel mit den nassen Gipsbindenstücken und lasse sie auf Küchenkrepp trocknen.

(B) Stecke den langen Nagel durch die Styroporkugel und nagle ihn auf dem Holzscheit fest.

(C) Male mit dem Bleistift Engelsflügel auf den Fotokarton und schneide sie aus.

(D) Beklebe auch die Styroporkugel mit Gipsbindenstücken.

(E) Tauche die Gipsbindenstücke kurz in das Wasser. Achte darauf, dass sich die Stücke nicht zusammenrollen.

(F) Biege den Silberdraht zu einem Heiligenschein.

(G) Nagle die getrockneten Flügel mit den zwei kurzen Nägeln auf dem Rücken fest.

(I) Setze dem Engel den Heiligenschein aus Silberdraht auf den Kopf.

(H) Schneide die Gipsbinden in verschieden lange Stücke.

3. Bastelt selbst einen Holzscheitengel.

Winter – Glückssymbole zum Jahreswechsel

Zu Neujahr werden gerne Dinge verschenkt, die Glück im neuen Jahr bringen sollen.

Glücksschwein

Das Schwein gilt seit alters her als Glückssymbol. In vielen europäischen Kulturen war es früher ein Zeichen für Wohlstand.

Glücksklee

Ein vierblättriges Kleeblatt ist etwas Außergewöhnliches. Es soll Glück bringen, wenn man es durch Zufall findet oder geschenkt bekommt.

Hufeisen

Eisen war früher ein kostbares Material. Außerdem schützt das Hufeisen den Pferdehuf. Es soll immer mit der Öffnung nach oben aufgehängt werden, damit das Glück nicht herausfällt.

Schornsteinfeger

Es bedeutet Glück, wenn man einem Schornsteinfeger begegnet und einen seiner Knöpfe berührt. Der Schornsteinfeger kehrt die Schornsteine und verhindert so die gefürchteten Kaminbrände.

1. Lies die Bedeutungen der Glückssymbole. Welche kennst du?
2. Kennst du noch weitere Glücksbringer?
3. In vielen Gegenden ist es ein jahrhundertealter Brauch, eine süße Brezel zu verschenken oder zu verzehren. Backe selbst eine Neujahrsbrezel. Achtung: Den Backofen nur zusammen mit Erwachsenen benutzen.

Neujahrsbrezel

Du brauchst:
- 1 Würfel Hefe
- 250 ml Milch
- 500 g Mehl
- 80 g Butter
- 80 g Zucker
- 1 Ei
- 1 Messerspitze Salz
- 1 Eigelb

- Hefe und lauwarme Milch verrühren
- Mischung mit Mehl, flüssiger Butter, Zucker, Ei und Salz verkneten und 30 Minuten gehen lassen
- Teig je nach gewünschter Anzahl und Größe der Brezeln aufteilen
- Teigstücke zu einer langen Rolle formen und als Brezel auf ein mit Backpapier ausgelegtes Backblech legen
- Brezeln 20 Minuten gehen lassen
- Brezeln mit verquirltem Eigelb bestreichen
- Brezeln bei 170° Celsius etwa 30 Minuten backen

Werkstatt – Nomen

Nomen (Namenwörter)

- konkrete Nomen: Bezeichnungen für Lebewesen und Dinge
- abstrakte Nomen: Bezeichnungen für Gefühle und anderes, das man nicht sehen kann
- Nomen werden immer großgeschrieben.
- Nomen gibt es in der Einzahl und in der Mehrzahl.
- Zu jedem Nomen gibt es einen passenden Artikel.

1. Finde die Nomen und schreibe sie mit dem Artikel in der Einzahl und in der Mehrzahl so auf:
der Baum – die Bäume

BAUM GROß LEHRERIN AB DURCH KASTEN ABENTEUER SCHMERZ
WEHLEIDIG NEBEN ERLEBNIS BEOBACHTEN FREUNDLICH
WANDERUNG GESCHMACK JAHR PANNE ZWÖLF SPIELERIN AUFGABE

2. Trage nur die Nomen mit dem bestimmten Artikel in eine Tabelle ein.

konkrete Nomen	abstrakte Nomen

straße hell mut gehweg daneben friede groß tanne ananas bald
zufriedenheit zorn großeltern also pferd hunger bist blatt so trauer
mitschüler wegen ferien lob schnell ärger jung sieger voll

3. Schreibe den Text richtig auf. Denke an die Satzanfänge und die Nomen.

streit und versöhnung

lea und sandra haben streit, weil lea nicht auf sandra gewartet hat. aus wut und enttäuschung wirft sandra leas federmäppchen in den müll. bevor die auseinandersetzung eskaliert, holt timo einen streitschlichter. nach einem gespräch kommt es zur versöhnung zwischen den beiden mädchen.

4. Bilde aus den Adjektiven und Verben Nomen, indem du die Endungen -ung, -heit, -keit oder -nis anhängst. Schreibe so:
krank – die Krankheit, erleben – das Erlebnis ...

krank freundlich ehrlich schön selten
deutlich blind berühmt sparsam wild
frech sicher fröhlich fähig flüssig

erleben üben wagen ärgern stören
werben beschreiben besprechen
erzeugen verzeichnen hindern bedürfen

Werkstatt – Nomen

5. In jedem Streifen sind die Endungen vertauscht.
Schreibe die Nomen mit den richtigen Endungen auf:

Traurignis	Wildung	Finsterkeit	Bewerbnis
Ähnlichheit	Geheimung	Fälschnis	Dunkelkeit
Gesundnis	Besorgheit	Rettkeit	Leichtigung
Werbheit	Ergebung	Tapfernis	Offenkeit

6. Schreibe den Text ab und ergänze mit Nomen,
die du aus den Verben und Adjektiven bildest.

Die Kinder besitzen die ☺ (erlauben), am Computer zu arbeiten.
Der Entdecker James Cook ist eine ☺ (berühmt).
Nach seiner ☺ (retten) wird das Seehundbaby untersucht.
Aufgrund seiner ☺ (schnell) hat Timo das Wettrennen gewonnen.
Die Wanderer staunen über die ☺ (schön) der Natur.
Die ☺ (verschmutzen) der Umwelt führt zum Aussterben von Tier- und Pflanzenarten.
Für seine ☺ (ehrlich) erhält der Finder eine ☺ (belohnen).

7. Bilde zusammengesetzte Nomen und schreibe so:
der tiefe Brunnen – der Tiefbrunnen

tief, kühl, faul, hoch, schnell, klein, rot	Tier, Brunnen, Schrank, Zug, Kraut, Haus, Kind

8. Bilde zusammengesetzte Nomen und schreibe so:
schwimmen, das Bad – das Schwimmbad

schwimmen, reiten, turnen, nähen, fahren, stehen, radieren	Bad, Maschine, Schuhe, Stiefel, Lampe, Stuhl, Gummi

9. Finde die passenden Oberbegriffe und ergänze jeweils ein Nomen.

Lauch – Bohnen – ? – Paprika – ?

Biene – Ameise – ? – Laufkäfer – ?

Hammer – Meißel – ? – ? – Bohrer

Tulpe – Osterglocke – ? – Krokus – ?

Werkstatt – Verben

Verben

- *sagen, was jemand tut oder was geschieht*
- *haben einen Infinitiv (Grundform) und verschiedene Personalformen (ich; du; er/sie/es; wir; ihr; sie)*
- *haben einen Wortstamm und eine Endung*
- *können Vorsilben besitzen*

1. Finde die Verben. Schreibe sie in der Grundform (Infinitiv) auf und kreise den Wortstamm ein. Bilde alle Personalformen:
   geh en: ich gehe, du gehst, er geht, wir gehen, ihr geht, sie gehen

GEHEN RATEN BLUMEN LESEN BLUSEN HASEN LAUT LAUFEN
RUFEN KLEIDUNG TASSEN HÄUFIG SCHLAFEN GEBEN SPRECHEN

2. Schreibe zu jeder Verbform die Grundform (Infinitiv) und das passende Personalpronomen:
   meinen – wir meinen, sie meinen

meinen siehst fahrt fällt isst haltet bin
lässt lauft gibst lassen beiße mag

3. Setze eine passende Vorsilbe ein und schreibe einen Satz.
   einen Freund besuchen: Der Junge besucht einen Freund.

einen Freund suchen	ein Geheimnis raten	be-
die Wahrheit kennen	einen Stock brechen	ent-
ein Denkmal hüllen	ein Märchen zählen	er-
laute Musik bieten	ein Land decken	ver-
eine Burg stören	den Sieg jubeln	zer-

4. Schreibe den Text ab und setze die Verben in der richtigen Personalform ein:

Fahrt in den Urlaub

Familie Rasch das Gepäck in das Auto und den Hund. Endlich die Fahrt. Sie an Feldern und Wäldern, bis sie ihr Ferienhaus erreichen. Vater das Auto und. Er zum Haus und die Tür. Nun alle und sich die Zimmer. Alle sind begeistert und die Koffer. Was werden sie im Urlaub erleben?

einladen
mitnehmen
losgehen
vorbeifahren
anhalten
aussteigen
hingehen
aufschließen
nachkommen
anschauen
auspacken

Werkstatt – Verben und ihre Zeitformen

Zeitformen

Verben geben an, in welcher Zeit etwas stattfindet:

• Präsens (Gegenwart)	ich gehe; ich schreibe
• Präteritum (einfache Vergangenheit)	ich ging; ich schrieb
• Perfekt (zusammengesetzte Vergangenheit)	ich bin gegangen; ich habe geschrieben
• Futur (Zukunft)	ich werde gehen; ich werde schreiben

1. Schreibe die folgenden Verben im Infinitiv und allen vier Zeitstufen so auf:
   singen: er singt – er sang – er hat gesungen – er wird singen

singen brennen fliehen wachsen leiden springen beginnen kriechen gießen waschen steigen erlöschen greifen

2. Schreibe den Text ab und ergänze die Sätze mit treffenden Verben im Präsens oder im Präteritum:

Einkaufen früher und heute

Die Menschen heutzutage immer mehr Abfall. Vor 100 Jahren die Leute auf dem Markt oder im Dorfladen. Die Verkäuferin die Lebensmittel in mitgebrachte Behältnisse. Beim Einkauf nicht viel Abfall. Heute die Menschen in den Supermarkt. In den Regalen die Lebensmittel in bunten Verpackungen aus Karton oder Kunststoff. Zum Transport sie häufig Plastiktüten. So eine ganze Menge Müll.

produzieren
packen
anfallen
einkaufen
gehen
verwenden
stehen
entstehen

3. Setze den Text ins Perfekt. Schreibe so:
   Malte erzählt: „Gestern ist schulfrei gewesen. Deshalb …"

Gestern war schulfrei. Morgens traf ich mich mit meinem Freund Lukas. Zunächst gingen wir zum Spielplatz. Wir schaukelten und kletterten eine Weile, dann wurde uns langweilig. Wir erkundeten das Gelände und entdeckten hinter den Büschen einen Bach. Wir bauten eine kleine Brücke mit Ästen. Als ich den letzten Ast auflegte, rutschte ich plötzlich aus und fiel ins Wasser. Tropfnass kletterte ich aus dem Bach, aber Lukas lachte nur. Ich war wütend, weil er mir nicht half. Wütend stapfte ich nach Hause.

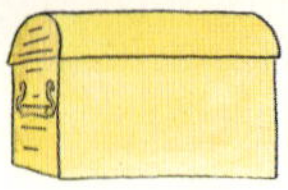

Werkstatt – Verben und ihre Zeitformen

4. Setze den Text in die Vergangenheit.
   Schreibe die Sätze im Präteritum und die wörtliche Rede im Perfekt.

> ***Till Eulenspiegel als Bäckergeselle***
>
> *Als Till bei einem Bäcker arbeitet, formt er aus dem Teig lauter Eulen und Meerkatzen und schiebt sie in den Ofen. Am Morgen kommt der Bäcker und schreit: „Was machst du da?" „Ich backe Eulen und Meerkatzen. Zuerst forme ich den Teig und bestreiche alles mit Eigelb. Dann drücke ich Rosinen als Augen hinein." Zornig wirft der Bäcker Till mitsamt den Backwaren hinaus. Till aber verkauft das Gebäck und verdient viel Geld.*

5. Malte plant, was er am Sonntag machen wird.
   Schreibe so:
   Ich werde lange schlafen.

> lange schlafen — gemütlich frühstücken — das Zimmer aufräumen — Mutter beim Kochen helfen — den Tisch decken und abräumen — mit Oma ins Kino gehen — Lieblingsbuch zu Ende lesen

6. Schreibe sinnvolle Sätze.
   Überlege vorher, ob das Verb im Futur oder im Präteritum stehen muss.

zu seinem letzten Geburtstag	Jakob ein neues Fahrrad bekommen
übermorgen	die Klasse 4c den Verkehrsübungsplatz besuchen
im nächsten Monat	die Kinder die Radfahrprüfung ablegen
vor 70 Jahren	wenige Kinder ein eigenes Fahrrad besitzen
in sechs Jahren	einige Kinder einen Motorroller fahren

7. Schreibe die Sätze ab und ergänze sie mit treffenden Verben im Präsens, Präteritum oder Futur.

> *Nächste Woche … wir einen Ausflug … .*
> *Letztes Jahr … wir Burg Falkenstein.*
> *Vor 100 Jahren … nur wenige Leute in Urlaub.*
> *Heute … es den ganzen Tag.*
> *Wie … das Wetter morgen … ?*
> *Gestern … wir ein Fest.*
> *Was … wir in den Ferien … ?*
> *In diesem Moment … es an der Tür.*

> besuchen
> sein
> klingeln
> regnen
> machen
> feiern
> fahren
> unternehmen

Werkstatt – Adjektive

Adjektive

- beschreiben, wie jemand oder etwas ist
- können die Endung -ig, -lich, -isch oder -sam besitzen
- können zum Vergleichen verwendet werden

Positiv (Grundstufe):	schnell
Komparativ (1. Vergleichsstufe):	schneller als
Superlativ (2. Vergleichsstufe):	am schnellsten

1. Bilde Adjektive.
   Verbinde die Nomen mit -ig, -lich, -sam oder -isch und schreibe so:
   der Mut – mutig

Mut Sand Neugier Himmel Ende Stachel Staub
Geselle Europa Sorge Schrift Herz Recht
Mühe Tücke Hass Schaden Kunst Rat Haus

2. Bilde Adjektive.
   Verbinde die Verben mit den Endungen -ig, -lich, -sam oder -isch und schreibe so:
   biegen – biegsam

biegen zögern malen richten streben kleben stürmen
merken nützen fallen heilen gehorchen salzen
bedeuten spotten reißen hindern deuten würzen arbeiten

3. Schreibe den Text ab und bilde passende Adjektive.

Was bedeutet die gelbe Flagge?

Lena verbringt ihre Ferien mit den Eltern an der Ostsee. Weil es ___ (Sonne) und warm ist, beschließt die Familie, an den Strand zu gehen. Mit ___ (Sand) Füßen läuft Lena ins ___ (Salz) Wasser und plantscht ___ (Übermut) mit den anderen Kindern. ___ (Neugier) betrachten sie die Quallen, die im Wasser schweben. Plötzlich kommt ein ___ (Kraft) Wind auf und am DLRG-Turm wird die gelbe Flagge gehisst. Ein Rettungsschwimmer erklärt den Kindern ___ (Freund), dass es ___ (Rat) ist, das Wasser zu verlassen. Bei der roten Flagge herrscht absolutes Badeverbot, denn die hohen Wellen und die Strömung sind sehr ___ (Tücke). ___ (folgen) gehen die Kinder an den Strand zurück.

Werkstatt – Adjektive

4. Finde die Adjektive und trage sie in eine Tabelle ein:

Grundstufe	1. Vergleichsstufe	2. Vergleichsstufe

KALT WEG GEIZIG KÖNIG KRÄFTIG BLATT AUFMERKSAM STÜRMISCH
KÄFIG ÄNGSTLICH SPÖTTISCH BREIT SCHON AB ERFREULICH TAL

5. Schreibe den Text ab und setze passende Adjektive ein.

Braunbären

Die Braunbären gehören zu den Landsäugetieren der Erde. Der Kodiakbär kann aufgerichtet bis zu 3 m und 700 kg werden. Der durchschnittliche Braunbär wird aber mit etwa 350 kg nur . Die Braunbären leben in den Alpen. Sie sind mit etwa 80 cm Schulterhöhe ein Bernhardiner und mit etwa 70 kg als ein erwachsener Mann.

groß
schwer
leichter
genauso groß wie
größten
kleinsten
halb so schwer

6. Bilde zusammengesetzte Adjektive und schreibe so:
das Bild – schön: bildschön

Bild Feder Nagel Stein
Blitz Wasser Spiegel
Regen Welt Schnur Eis

leicht reich neu schön
scheu gerade schnell
weit glatt arm kalt

7. Trage die Wörter aus der Wörterschlange in eine Tabelle ein und ergänze die fehlenden Wortarten:

Nomen	Adjektiv	Verb
der Schlaf	schläfrig	schlafen

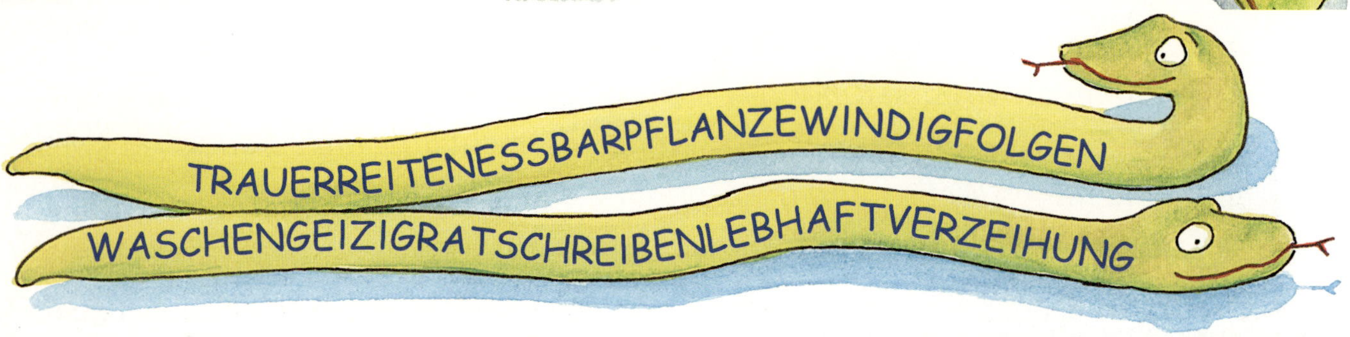

Werkstatt – Pronomen

Pronomen

- sind kleine Wörter, die für Nomen eingesetzt werden können:
  ich (mir, mich); **du** (dir, dich); **er** (ihm, ihn); **sie** (ihr, sie); **es** (ihm, es);
  wir (uns, uns); **ihr** (euch, euch); **sie** (ihnen, sie)
- Pronomen in der Höflichkeitsform schreiben wir groß:
  Sie, **Ihnen**, **Ihr**, **Ihre**

1. Setze passende Pronomen ein:

Ilja lädt Lisa ein

Lisa besucht Ilja. Gespannt klingelt ___ an der Tür. Ilja öffnet ___ freudestrahlend und bittet ___ in die Wohnung. Lisa blickt sich neugierig um und fragt ___, ob ___ ein Haustier hat. Nun zeigt Ilja ___ sein Meerschweinchen. ___ ist schneeweiß und hat ein flauschiges Fell. Lisa nimmt ___ vorsichtig auf den Arm und streichelt ___. Dann hält ___ dem Tier eine Mohrrübe hin. Iljas Mutter kommt ins Zimmer und fragt, ob ___ Kuchen essen möchten. Lisa und Ilja stimmen zu und folgen ___ in die Küche. Die Mutter schenkt ___ Kakao ein und legt jedem ein Stück Kuchen auf den Teller. Der russische Zupfkuchen schmeckt lecker!

2. Setze die passenden Pronomen ein:

Lisa sagt zu Ilja: „Ich mag ___. Deshalb möchte ich ___ helfen."
Ilja antwortet: „Ich finde ___ auch sehr nett."
Lisa fragt: „Kommst du ___ besuchen? Dann kannst du ___ auch helfen."
Die Mutter meint: „Ich finde es gut, wenn ihr ___ gegenseitig helft.
In Russland helfen wir ___ auch immer gegenseitig."

3. Schreibe den Brief ab und setze Pronomen in der Höflichkeitsform ein.

Rotarburg, den 5. Mai 2

Sehr geehrter Herr Müller,

wir wenden uns mit folgender Bitte an ___: Unsere Klasse möchte eine Abschlusszeitung machen. Deshalb würden wir ___ gerne ein paar Fragen stellen. Als Redakteur einer Tageszeitung können ___ uns sicher Tipps geben, die uns weiterhelfen werden.

Viele Grüße sendet ___

___ Klasse 4 c

Werkstatt – Präpositionen

Präpositionen (Verhältniswörter)

- Adverbiale Bestimmungen werden oft von Präpositionen eingeleitet:
  an, auf, bei, bis, hinter, in, mit, nach, neben, über, unter,
  von, vor, zu, zwischen …
  Malte sitzt zwischen Lukas und Ben.
- Manche Präpositionen sind mit dem nachfolgenden Artikel verschmolzen:
  am, ans, beim, durchs, hinterm, im, ins, übers, vom, zum, zur
  bei dem Bäcker – beim Bäcker

1. Schreibe die Sätze ab und ergänze eine passende Präposition:

Lisa fährt gerne ___ dem Fahrrad.
Sara ist ___ einer Woche krank.
Emil geht ___ Hause.
Jan lauscht ___ der Tür.
Malte wandert ___ den Wald.
___ dem Haus parken viele Autos.
Ein Bussard kreist ___ der Wiese.
Die Katze springt ___ das Sofa.
Der Hund liegt ___ dem Tisch.
Das Geschenk ist ___ Oma.
Die Kinder rennen drei Runden ___ den Sportplatz.

mit, nach, seit, durch, um, über, unter, vor, auf, hinter, von

2. Welcher Artikel ist mit der Präposition verschmolzen? Schreibe so:
hinters Haus – hinter das Haus

hinters Haus | zum Geburtstag | durchs Jahr | übers Wasser
im Bett | beim Lesen | vors Auto | hinterm Busch | zur Bäckerei

3. Schreibe den Text richtig auf. Denke an die Satzanfänge und die Nomen.

Das Storchenjahr

___ Frühjahr kehren die Störche ___ ihr Brutgebiet zurück. Dann ruhen sie sich ___ ihrer langen Reise ___ Afrika aus. Meistens ist das Männchen als Erstes ___ altbekannten Nest. ___ der Begrüßung der Partnerin klappert es lautstark ___ dem Schnabel. Wenn die Storchenküken geschlüpft sind, bleibt immer ein Altvogel ___ Schutz ___ anderen Störchen und Greifvögeln zurück. ___ Juli sind die Jungstörche fast so groß wie ihre Eltern. Nun sind die beiden Altstörche ununterbrochen ___ Nahrungssuche. ___ Herbst ziehen die Störche wieder ___ ihr Winterquartier ___ Afrika.

im, von, in, aus, am, mit, bei, zum, vor, auf, nach

Werkstatt – Satzarten

Aussagesatz

- Am Ende des Aussagesatzes steht ein Punkt (.).

Fragesatz

- Fragesätze können mit Fragewörtern eingeleitet werden:
  wer, wie, was, wo, wann, wozu …
- Am Ende steht ein Fragezeichen (?).

Aufforderungssatz

- Nach Aufforderungen oder Ausrufen steht ein Ausrufezeichen (!).

1. Ergänze die fehlenden Satzzeichen und bilde jeweils die beiden anderen Satzarten.
   Schreibe so:
   Lukas geht in die Schule.
   Geht Lukas in die Schule?
   Lukas, geh in die Schule!

Malte rechnet die Knobelaufgaben ♥	Leonie liest ein Buch ♥
Reitet Lisa das Pony ♥	Decke den Tisch, Sara ♥
Hanna, räume das Zimmer auf ♥	Macht Timo die Hausaufgaben ♥
Spielt Jakob Klavier ♥	Ilja hilft der Mutter ♥
Lena, füttere das Meerschweinchen ♥	Emil geht mit Luca zum Training ♥
Spielt Arne Handball ♥	Lukas geht zum Bäcker ♥
Ziehe die Jacke an, Lisa ♥	Hanna malt ein Bild ♥

2. Schreibe den Text ab und ergänze die Satzschlusszeichen: **. ? !**

Wie Till Eulenspiegel in einem Bienenkorb schlief

Eines Tages war Till auf einem Jahrmarkt Er wurde müde und legte sich zum Schlafen in einen Bienenkorb Gegen Mitternacht kamen zwei Diebe und trugen den Bienenkorb fort Nach einer Weile wachte Till auf und zog den ersten Dieb an den Haaren Dieser schrie: „Zieh mich nicht an den Haaren“ Der zweite Dieb rief ahnungslos: „Bist du übergeschnappt“ Till amüsierte sich und riss nun dem zweiten Dieb ein Büschel Haare heraus Nun brüllte dieser: „Jetzt reicht es mir Erst soll ich dich an den Haaren gezogen haben und nun reißt du mir fast die Kopfhaut herunter So eine Frechheit“ Bald zog Till den ersten Dieb wieder an den Haaren Die Diebe ließen von dem Bienenkorb ab und es kam zu einem Kampf zwischen den beiden Dieben Till aber konnte gemütlich weiterschlafen

Werkstatt – Satzarten

Sätze können mit ***Bindewörtern (Konjunktionen)*** verbunden werden:
als, wenn, weil, dass, damit, obwohl …

Beachte:

- Vor den Bindewörtern steht ein Komma.
- Das Prädikat rückt ans Satzende.
  Timo geht nach Hause. Er ist müde.
  Timo geht nach Hause, weil er müde ist.
- Ausnahme:
  Vor *„und“* setzen wir kein Komma.
  Das Prädikat behält seine Stellung.
  Timo klingelt. Mutter öffnet die Tür.
  Timo klingelt und Mutter öffnet die Tür.

1. Verbinde die Sätze mit „und“:

a) Rumpelstilzchen setzte sich ans Spinnrad. Es spann Stroh zu Gold.
b) Die Müllerstochter war froh. Sie gab ihm ihr Halsband.
c) Das Männlein half noch einmal. Das Mädchen schenkte ihm ihren Ring.
d) Beim dritten Mal hatte die Müllerstochter nichts mehr.
Sie versprach ihm ihr erstes Kind.
e) Die Königin fand seinen Namen heraus. Rumpelstilzchen versank
vor Wut im Boden.

2. Verbinde die Sätze mit folgenden Bindewörtern:

als | weil | dass | obwohl | damit | wenn

a) Rotkäppchen ging vom Weg ab. Es wollte für die Großmutter Blumen pflücken.
b) Goldene Sterne fielen vom Himmel. Sterntaler stand ohne Kleider da.
c) Die Hexe mästete den armen Hänsel. Er wurde dick und fett.
d) Der Müllerssohn wird es nicht bereuen. Er kauft neue Stiefel für den Kater.
e) Der Butt erfüllte dem Fischer seine Wünsche. Der Fischer hatte ihn freigelassen.
f) Die Bremer Stadtmusikanten sangen so laut. Die Räuber flohen.
g) Das tapfere Schneiderlein erfüllte die Aufgaben. Es war listig.
h) Aschenputtel durfte nicht auf das Fest gehen. Sie sortierte die Linsen.
i) Schneeweißchen und Rosenrot öffneten die Tür. Es klopfte.
j) Die Königstochter hielt ihr Versprechen nicht. Sie hatte es dem Frosch zugesagt.

Werkstatt – die vier Fälle des Nomens

Nomen können in vier Fällen stehen:

1. **Nominativ** (Wer- oder Was-Fall):	der Mann	die Frau	das Kind
2. **Genitiv** (Wessen-Fall):	des Mannes	der Frau	des Kindes
3. **Dativ** (Wem-Fall):	dem Mann	der Frau	dem Kind
4. **Akkusativ** (Wen- oder Was-Fall):	den Mann	die Frau	das Kind

1. Schreibe die Texte ab und ergänze die Sätze mit den Nomen im richtigen Fall:

Der Hund

 ist ein Säugetier.
Der Wolf ist ein Vorfahre .
Viele Menschen sehen  als ihren liebsten Begleiter unter den Haustieren an.
Sie schenken  ihre ganze Zuneigung.

der Hund
des Hundes
dem Hund
den Hund

Die Tulpe

Vor 400 Jahren war  eine Seltenheit in Europa.
Deshalb war die Zwiebel  sehr teuer.
Bald gelang es , eine der bekanntesten Blumen zu werden.
Blumenliebhaber schätzen  aufgrund ihrer frühen Farbenpracht.

die Tulpe
der Tulpe
der Tulpe
die Tulpe

2. Die Nomen und die Artikel in den Klammern stehen im Wer-Fall (Nominativ). Bilde jeweils den richtigen Fall und schreibe den Text auf.

Der Schlittenwolf

Als der Baron von Münchhausen nach Russland ritt, kaufte er (ein Schlitten) und spannte sein Pferd davor. Er trabte nach Sankt Petersburg, als (das Pferd) in (ein Wald) scheute und losraste. Sie wurden von (ein Wolf) verfolgt, der immer näher kam.
Auf einmal sprang der Wolf über (die Kutsche) und verschlang das Hinterteil (das Pferd). Jetzt gab Münchhausen (der Wolf) die Peitsche. Als (der Wolf) das Pferd aufgefressen hatte, steckte der Wolf im Geschirr und zog (der Schlitten). Stunden später erreichte Münchhausen Sankt Petersburg. Die Leute in (die Stadt) wunderten sich sehr.

Werkstatt – Satzglieder: Prädikat und Subjekt

Satzglieder bleiben beim Umstellen eines Satzes zusammen.

Prädikat

- In jedem Satz ist ein Prädikat enthalten.
- Mit der Frage *„Was geschieht?“*, *„Was tut/tun ...?“* findet man das Prädikat:
  Heute regnet es.
  Peter spielt mit seinem Freund.
- Es kann aus zwei Teilen bestehen: Peter *räumt* sein Zimmer *auf*.
  Peter *hat* sein Zimmer *aufgeräumt*.
  Peter *wird* sein Zimmer *aufräumen*.

Subjekt

- Mit der Frage *„Wer oder was tut?“* findet man das Subjekt:
  Peter räumt sein Zimmer auf.

1. Schreibe die Sätze ab. Kreise das Prädikat grün ein und unterstreiche das Subjekt gelb. Stelle jeden Satz zweimal um.
   Bienen gehören zu den Insekten.
   Zu den Insekten gehören Bienen. Gehören Bienen zu den Insekten?

Bienen gehören zu den Insekten.
Der Bienenkörper besteht aus Kopf, Brust und Hinterleib.
Die Bienenkönigin wird bis zu 20 mm groß.
Die männlichen Bienen besitzen keinen Stachel.
Fleißig sammeln die Arbeitsbienen Nektar und Pollen.
Ursprünglich stammt die Honigbiene aus Südostasien.

2. Schreibe die Sätze ab und kreise das Prädikat grün ein.
   Schreibe so:
   Gestern sahen wir uns die Krokodile im Zoo an. – ansehen

Gestern sahen wir uns die Krokodile im Zoo an.
Plötzlich sperrten sie ihre riesigen Mäuler auf.
Erschrocken wichen wir einen Schritt zurück.
Heute werden wir eine Ritterburg besuchen.
Wir sind nicht an den Mauern hochgeklettert.
Morgen werden wir eine Fahrradtour machen.
Wird die Sonne scheinen?
Die Kinder packen ihr Pausenbrot aus.
Nach kurzer Zeit haben sie alles aufgegessen.

Werkstatt – Satzglieder: Dativ- und Akkusativobjekt

In den meisten Sätzen gibt es außer dem Subjekt und dem Prädikat noch Ergänzungen.

Dativobjekt (Ergänzung im Wem-Fall)

- Jakob antwortet dem Vater.
  Die Wem-Ergänzung finden wir auf die Frage:
  „Wem antwortet Jakob?“

Akkusativobjekt (Ergänzung im Wen- oder Was-Fall)

- Der Vater fragt Jakob.
  Die Wen- oder Was-Ergänzung finden wir auf die Frage:
  „Wen oder was fragt der Vater?“

1. Bilde Sätze und stelle die Frage nach dem Akkusativobjekt:
   Im Jahr 1886 erfand Carl Benz das Automobil.
   Wen oder was erfand Carl Benz?

Carl Benz	im Jahr 1886	das Automobil	erfand
lachten aus	zunächst	ihn	die Leute
die Postkutsche	sie	benutzten	
nahmen	die Eisenbahn	ganz Eilige	
das erste Motorrad	Gottlieb Daimler	entwickelte	

2. Bilde Sätze und stelle die Frage nach dem Dativobjekt:
   Die Leute glaubten Carl Benz nicht.
   Wem glaubten die Leute nicht?

die Leute	Carl Benz	glaubten	nicht
seine Frau	nur	ihm	stand bei
vielen Menschen	auf ihrer ersten Fahrt	sie	begegnete
blickten nach	staunend	sie	ihr
bei der Ankunft in Pforzheim	viele Leute	Berta Benz	gratulierten

3. Schreibe den Text ab und unterstreiche die Dativobjekte orange, die Akkusativobjekte blau.

Lukas zeigt Malte sein neues Modellauto. Stolz gibt er es seinem Freund. Er erklärt ihm die Technik und beantwortet eifrig Maltes Fragen. Weil dieser so begeistert ist, leiht ihm Lukas das Auto bis zum nächsten Tag aus.

Werkstatt – Satzglieder: Orts- und Zeitangaben

Ortsangaben (adverbiale Bestimmung des Ortes)

geben uns eine Antwort auf die Fragen „Wo …?", „Wohin …?" oder „Woher …?".
Emil ist in der Schule. – Wo ist Emil?
Emil geht nach Hause. – Wohin geht Emil?
Emil kommt aus der Schule. – Woher kommt Emil?

Zeitangaben (adverbiale Bestimmung der Zeit)

geben uns eine Antwort auf die Fragen „Wann …?", „Wie lange …?" oder „Wie oft …?".
Heute geht Lisa zum Ballett. – Wann geht Lisa zum Ballett?
Der Ballettunterricht dauert eine Stunde. – Wie lange dauert der Ballettunterricht?
Der Ballettunterricht findet einmal pro Woche statt. – Wie oft findet der Ballettunterricht statt?

1. Schreibe die Sätze ab und stelle die Frage nach der Ortsangabe:
   Die Schule steht neben der Kirche. – Wo steht die Schule?

Die Schule steht neben der Kirche.	Die Hauptstraße führt zum Rathaus.
Der Zug kommt aus Hamburg.	Der Bus fährt nach Berlin.
Das Auto steht in der Garage.	Vater kommt aus dem Haus.

2. Schreibe die Sätze ab und stelle die Frage nach der Zeitangabe:
   Gestern war Timo wieder in der Schule. – Wann war Timo wieder in der Schule?

Gestern war Timo wieder in der Schule.	Er war zwei Wochen lang krank.
Dreimal am Tag nahm er seine Medizin.	Nächste Woche nimmt er am Ausflug teil.
Der Ausflug dauert fünf Stunden.	Zweimal ist eine Rast geplant.

3. Schreibe den Text ab und unterstreiche die Satzglieder in den entsprechenden Farben. Bestimme zuerst das Prädikat und das Subjekt. Frage dann nach dem Akkusativobjekt und dem Dativobjekt. Bestimme auch die Orts- und Zeitangaben.

Vor etwa 3000 Jahren hatte ein phönizischer König eine wunderschöne Tochter namens Europa. Die Prinzessin gefiel dem Göttervater Zeus sehr. Er wandelte seine Gestalt und entführte sie.
Eines Tages spielte Europa am Meer. Plötzlich stand ein prächtiger Stier vor ihr. Europa setzte sich auf seinen Rücken. Der Stier stürzte sich in die Fluten und schwamm zur Insel Kreta. Dort nahm Zeus wieder seine göttliche Gestalt an und heiratete Europa. Seither trägt unser Kontinent ihren Namen.

Werkstatt – das Verb in verschiedenen Positionen im Satz

Das Verb in verschiedenen Positionen im Satz

Verben können in einem Satz verschiedene Positionen einnehmen. Besetzt das Verb die Rolle des Subjekts oder einer Ergänzung, wird es großgeschrieben. Der Artikel weist darauf hin.

Prädikat: Malte spielt mit seinem Freund.

Subjekt: Das Spielen mit Freunden ist toll.

Akkusativobjekt (Wen-/Was-Ergänzung): Malte findet das Spielen toll.

Ergänzungen mit Präpositionen (am, beim, im, vom, zum): Malte ist vom Spielen müde.

1. Ergänze immer zwei Sätze mit demselben Verb. Unterstreiche das eingesetzte Verb in der Position des Prädikats grün, in der Position des Subjekts gelb.

schlafen
Das kranke Kind ___ tief.
Das ___ ist für kranke Kinder oft heilsam.

baden
Die Kinder ___ im Pool.
Das ___ im See ist verboten.

lernen
Lisa ___ mit einer Freundin für einen Test.
Das ___ mit Freunden ist kurzweiliger.

singen
Timo ___ im Chor.
Das ___ macht ihm Spaß.

2. Ergänze immer zwei Sätze mit demselben Verb und dem Artikel *das*. Unterstreiche das Verb als Subjekt gelb, als Akkusativobjekt blau.

reiten
___ ist toll.
Malte findet ___ gut.

tanzen
___ bereitet Freude.
Hanna liebt ___.

aufräumen
Lukas hasst ___.
___ ist ihm lästig.

3. Schreibe den Text ab und ergänze ihn mit passenden Verben.

Wenn Bären Fische fangen

Wenn im Sommer die Lachse zum ___ flussaufwärts wandern, treffen sich manchmal bis zu 60 Bären an den Flüssen beim ___ von Fischen. Erfahrene Bären gehen beim ___ sehr geschickt vor. Wenn sie satt und vom ___ müde sind, legen sie sich zum ___ einfach in das Wasser und dösen. Sie können ganz schön brummig werden, wenn sie am ___ gehindert werden.

fangen
ablaichen
fischen
schlafen
fischen
ausruhen

Werkstatt – wörtliche Rede und Redebegleitsatz

Wörtliche Rede und Redebegleitsatz

Die Redebegleitsätze können vor oder nach der wörtlichen Rede stehen.
Bei nachgestelltem Redebegleitsatz:

- Steht nach den „Anführungszeichen oben“ ein Komma, fällt der Punkt weg.
- Ist die wörtliche Rede ein Frage- oder Ausrufesatz, bleibt das Frage- oder Ausrufezeichen erhalten.

Timo sagt: „Der Roller ist neu.“	*„Der Roller ist neu“, sagt Timo.*
Lisa fragt: „Ist das dein Roller?“	*„Ist das dein Roller?“, fragt Lisa.*
Lukas ruft: „Der Roller ist toll!“	*„Der Roller ist toll!“, ruft Lukas.*

1. Schreibe die Unterhaltung mit nachgestelltem Redebegleitsatz auf:
   „Wie waren deine Ferien?“, erkundigt sich Lisa.

Lisa erkundigt sich:	*„Wie waren deine Ferien?“*
Mia antwortet:	*„Wir waren zwei Wochen am Bodensee. Das war toll!“*
Lisa meint:	*„Am Bodensee war ich auch schon. Wir fuhren jeden Tag mit dem Schiff.“*
Mia nickt:	*„Wir sind mit dem Schiff nach Bregenz gefahren.“*
Lisa will wissen:	*„Wart ihr auf dem Pfänder?“*
Mia bestätigt:	*„Ja, und wir besichtigten dort die Adlerwarte.“*
Lisa fragt:	*„Hast du einen Adler gesehen?“*
Mia sagt:	*„Wir haben uns eine Flugvorführung angesehen. Ein Weißkopfseeadler drehte seine Runden über unseren Köpfen. Dann flog er zum Falkner zurück.“*

2. Schreibe den Text ab
   und setze die fehlenden Satzzeichen ein: **. ! ? : „“ ,**

Der Adler und der Sperling

Ein Adler prahlte ___ Wer kann höher fliegen als ich ___ Ich kann höher fliegen als du ___ antwortete ein Sperling ___ Also los ___ befahl der Adler und erhob sich hoch in die Luft ___ Nach einer Weile fragte er ___ Sperling, wo bist du ___ Der Sperling aber war vor dem Start unbemerkt auf den Rücken des Adlers gehüpft ___ Von dort erhob sich der Sperling ebenfalls in die Luft, flog über den Kopf des Adlers und rief ___ Hier, ich fliege über dir ___
___ Wie kann das sein ___ wunderte sich der Adler ___ Unterschätze niemals die Kleinen und Schwachen ___ lächelte der Sperling ___

Werkstatt – Verlängern: Auslautverhärtung

Verlängern: Auslautverhärtung

b oder p, d oder t, g oder k?

Die richtige Schreibweise am Ende eines Wortes (Auslaut) findet man durch Verlängern:

Hunde – Hund   spannender – spannend   bleiben – bleibt

1. Setze den richtigen Buchstaben ein. Verlängere zuerst:
   viele Länder – ein Land

Lan_	Wer_	Wal_	Köni_	Her_	Wel_	Schla_
Fein_	Hu_	Bur_	Kor_	Aben_	Ta_	Gra_

2. Setze den richtigen Buchstaben ein. Schreibe so:
   die freiwillige Aufgabe – Die Aufgabe ist freiwillig.

Die Aufgabe ist freiwilli_.	Die Flutwelle ist gewalti_.
Der Film ist spannen_.	Die Gelegenheit ist einmali_.
Das Spiel ist abgekarte_.	Die Landschaft wirkt frem_.

3. Bilde zuerst die Grundform, setze dann den richtigen Buchstaben ein:
   rauben – er raubt

er rau_t	sie wa_t	ihr glau_t	es gi_t	er to_t	sie ü_t
sie we_t	ihr he_t	er schie_t	es lie_t	sie wie_t	es schnau_t

4. Welcher Buchstabe fehlt? Schreibe den Text ab und ergänze die Buchstaben.

Der Igel

Der Igel ist ein nach_aktives Säugetier. Am Aben_ begi_t er sich auf Nahrungssuche. Schnecken sind ein belie_tes Igelfutter, aber er vertil_t auch gerne Raupen. Der Igel trin_t Wasser, Milch verträ_t er nicht. Der wichti_ste Sinn für den Igel ist der Geruchssinn. Unentwe_t schnuppert er auf der Suche nach Nahrung. Die Augen sind für den Igel eher unbedeuten_, außerdem ist er farbenblin_. Mit den dunkelbraunen Stacheln ist er in freier Wil_bahn gu_ getarnt. Mit den Stacheln verteidi_t er sich gegen natürliche Feinde. Füchse, Marder und Dachse töten aber vorwiegen_ kranke Igel. Die Lebenserwartung beträ_t zwei bis vier Jahre. Die Hälfte der Jungtiere stir_t im Laufe des ersten Winters, weil sie zu weni_ Winterspeck besitzen. Igel können sogar schwimmen, tun dies aber nur, wenn sie es unbedin_t müssen.

Werkstatt – Verlängern: Doppelkonsonanten am Wortende

Doppelkonsonanten am Wortende

- Zweisilbige deutsche Wörter mit Doppelkonsonanten werden in das Häuschen C eingetragen.
  Über die Kontrastpaare finden wir heraus, ob ein Wort in Häuschen C gehört:
  Hüte – Hütte
- Wörter, die zur selben Wortfamilie gehören, werden ebenfalls mit Doppelkonsonanten geschrieben.
  fallen – Fallschirm

C: Männer → Mann

C: rollen → er rollt

C: sollen → er soll

C: toller → toll

1. Bilde zuerst die zweisilbige Form und entscheide, ob es ein Häuschen-C-Wort ist:
   die Männer – der Mann

n/nn:	Ma❀, Schwa❀, To❀	k/ck:	Fle❀, Ro❀, Stü❀
f/ff:	Gri❀, Brie❀, Pfi❀	s/ss:	Nu❀, Schu❀, Lo❀
l/ll:	Fa❀, Ta❀, Nu❀	z/tz:	Scha❀, Rei❀, Schli❀

2. Bilde zuerst die Grundform und entscheide dann, ob die Personalform mit Doppelkonsonanten geschrieben werden:
   kennen: er kennt, er kannte, er hat gekannt

n/nn:	ka❀te, ra❀te, trä❀te	k/ck:	lo❀te, schmö❀erte, hä❀elte
l/ll:	ho❀te, wo❀te, pre❀te	z/tz:	schü❀te, bli❀te, hei❀te
s/ss:	ha❀te, ra❀te, verpra❀te	f/ff:	ho❀te, kau❀te, ra❀te

3. Bilde Wörter mit folgenden Wortstämmen:
   Glück- / glück-: Unglück, glücken, glücklich …

   Glück-, glück-

   Schwimm-, schwimm-

4. Schreibe den Text ab und entscheide, ob du Doppelkonsonanten einsetzen musst.

Die So❀tagsüberraschung (n/nn)

Am So❀tag (n/nn) ba❀te (k/ck) Jan heimlich einen Kuchen. Als die Ba❀zeit (k/ck) um war, wo❀te (l/ll) er den Kuchen schne❀ (l/ll) aus dem O❀en (f/ff) ho❀en (l/ll). Dabei pa❀te (s/ss) er nicht auf und verbra❀te (n/nn) sich am Ba❀blech (k/ck) die Finger. Dann de❀te (k/ck) er den Tisch und ste❀te (l/ll) zum Schlu❀ (s/ss) ein paar Blumen auf den Tisch. To❀! (l/ll)

Werkstatt – Ableiten: ä oder e, äu oder eu

Ableiten: a – ä, au – äu

Die Umlaute ä und äu hören sich meist wie e und eu an.
Die meisten Wörter mit ä und äu stammen von Wörtern mit a und au ab.
Das können wir durch Ableiten überprüfen:
häufig – Haufen, Räder – Rad, Tänzer – tanzen

1. Finde zu jedem Wort mit ä ein verwandtes Wort mit a.
   Schreibe so:
   der Fänger – fangen

Fänger	glänzend	Gelächter	Wärme	Kälte	Stängel
drängen	Fläche	Stärke	schädlich	ängstlich	Erstklässler
Gelände	schläfrig	gefährlich	quälen	gläsern	Träger

2. Finde zu jedem Wort mit äu ein verwandtes Wort mit au.
   Schreibe so:
   häufig – der Haufen

häufig	einäugig	bläulich	käuflich	Säugetier	häuslich
geräumig	schäumen	Geräusch	Räuber	Käufer	Läufer
äußerlich	säuerlich	Gemäuer	säubern	träumen	räuchern

3. Schreibe den Text ab und ergänze die Wörter mit e oder ä, eu oder äu.

Eugen, der Drachentöter

Einst l…bte ein h…sslicher Drache auf einer F…lseninsel, auf der Vulkane F…er spuckten und giftige Str…cher wuchsen. In einer Höhle bewachte das Ungeh…er einen großen Schatz. Eines Tages st…erte Eugen sein Boot durch die sch…menden W…llen. Kr…z und quer lief er über die Insel, um das Sch…sal zu finden. Hinter verr…cherten B…men konnte Eugen den Eingang der Drachenhöhle d…tlich erk…nnen. Plötzlich stand der Drache k…chend vor ihm. Die G…gner be…gten sich kurz, dann begann ein wilder Kampf. Als Eugens Lanze die dicken H…te des Ungeh…ers durchbohrte, sank der Drache aufh…lend zu Boden. Voller Fr…de lief Eugen in die Höhle und nahm den Schatz an sich. So nahm das Abent…er ein gutes Ende.

Werkstatt – Verben mit zwei Wortstämmen

Verben mit zwei Wortstämmen

Verben können in verschiedenen Zeiten rhythmische Kontrastpaare bilden. Sie werden in Häuschen A und Häuschen C geschrieben.

1. Finde die Kontrastpaare und schreibe sie in die Tabelle:

Häuschen A	Häuschen C
streiten	stritten

treffen kommen erschrecken
fallen leiden streiten schaffen
saufen schneiden reiten pfeifen
gleiten haben schreiten bitten

trafen stritten ritten fielen
litten erschraken baten pfiffen
glitten hatten schufen kamen
schritten schnitten soffen

2. Ergänze ss oder ß. Die Häuschen helfen dir.
Klatsche die Kontrastpaare zur Überprüfung. Schreibe so:
gießen – gossen

gie_en fre_en sprie_en e_en
schlie_en genie_en flie_en
la_en bei_en verge_en
schmei_en

go_en spro_en a_en bi_en
schlo_en fra_en lie_en
geno_en flo_en schmi_en
verga_en

3. Schreibe den Text im Präsens auf.

Streit auf dem Schulhof

Timo und Jan trafen sich auf dem Schulhof, um Fußball zu spielen. Sie schritten das Spielfeld ab und zeichneten die Tore mit Kreide ein. Plötzlich pfiffen zwei Jungen laut hinter einer Ecke. Timo und Jan erschraken. Dann kamen die fremden Jungen hinter der Ecke hervor und ärgerten die beiden. Bald stritten sie und der eine Junge stellte Timo ein Bein. Dieser fiel hin und schnitt sich dabei die Hand an einem scharfen Stein auf, sodass er blutete. Darauf liefen die beiden Angreifer weg. Jan tröstete seinen Freund und begleitete ihn nach Hause. Die Mutter verarztete den kleinen Patienten. Dann schnitt sie den frisch gebackenen Kuchen auf. Die Jungen ließen es sich schmecken und vergaßen den Streit auf dem Schulhof.

Werkstatt – h-Regel

h-Regel

Wortstämme und Einsilber auf l, m, n, r schreiben wir mit „h“.
-ehr-: ehren, Ehrfurcht, ehrfürchtig, verehren
das Rohr, die Rohre

- **1. Nebenregel:**
  Wörter mit Doppelstarter, z. B. Sp, St, Schw, Kr
  schreiben wir ohne Dehnungs-h.
  ***Sp**ur, **St**ar, **Schw**an, **Kr**an*
- **2. Nebenregel:**
  Wörter mit dem Starter „T“ schreiben wir ohne Dehnungs-h.
  Ton, Tor

1. Schreibe den Infinitiv, die Personalform und den Wortstamm der Verben so auf:

Grundform (Infinitiv)	Wortstamm	Personalform
fehlen	fehl	er fehlt

fehlen ähneln lohnen zählen dehnen kehren mahnen bahnen
kühlen lehren rühren rühmen wehren wählen sehnen lahmen

2. Finde zu jedem Verb aus Aufgabe 1 ein Adjektiv und ein Nomen:
   fehlen, fehlerhaft, der Fehler

3. Entscheide, ob du ein „h“ ergänzen musst. Trage die Wörter richtig in die Tabelle ein:

„h“	Doppelstarter	Starter „T“
Lehne	Spur	Ton

Le_ne Spu_r To_n Me_l ka_l kla_r schö_n Ta_l que_r
schwe_r So_n Qua_l To_r Ru_m se_r Mü_le tu_n grü_n

4. Schreibe den Text ab und entscheide, ob du ein „h“ ergänzen musst.

Wo ist Rosa?

Que_rfeldein verfolgte der Kater die Spu_ren seiner Gefä_rtin Rosa. Sie fü_rten ihn zu einer alten Mü_le in einem kleinen Ta_l. Allmä_lich na_m seine Aufregung zu. Er spü_rte, dass etwas nicht stimmte. Vorsichtig schlich er zu einem großen To_r. Auf einmal hörte er ein klägliches Miauen. Es kam aus einem Ho_lraum in der Mauer. O_ne zu überlegen schob er einen schwe_ren Stein beiseite und befreite Rosa.

Werkstatt – i oder ie?

ie-Schreibung

- Zweisilbige deutsche Wörter ohne Stopper in der ersten Silbe schreiben wir mit „ie“: *Diebe, schiefe, spielen*
- Wörter, die zur selben Wortfamilie gehören, werden ebenfalls mit „ie“ geschrieben: *spielen, Spielzeug, spielerisch*
- Wörter mit mehr als 2 Silben werden nur mit „i“ geschrieben: *Lawine, Maschine, Kantine*
- Verben auf „-ieren“ stammen von Fremdwörtern ab und werden mit „ie“ geschrieben: *addieren, experimentieren, multiplizieren*

1. Bilde zuerst die zweisilbige Form und entscheide dann, ob du i oder ie einsetzen musst.
   die Briefe – der Brief, lieber – lieb, die Winde – der Wind

Br✉f	l✉b	W✉nd	w✉gt	Sp✉l	schl✉ßt	S✉g	w✉rkt
b✉gt	Z✉l	w✉ld	fl✉ßt	z✉rpt	T✉r	Sch✉ld	t✉f	g✉ßt

2. Schreibe zu jedem Nomen das passende Verb mit -ieren. Schreibe so:
   das Kommando – kommandieren, er kommandiert

Kommando	Probe	Lack	Reparatur	Kasse	Buchstabe
Studium	Dekor	Beton	Nummer	Kompost	Gruppe
Reform	Programm	Platz	Alarm	Frisur	Experiment

3. Schreibe die Wörter ab und entscheide, ob du i oder ie einsetzen musst.

Mandar●ne	galopp●ren	Fl●ge	B●ld	D●b	ras●ren	Ros●ne
sch●f	Sch●ff	R●se	blam●ren	Margar●ne	sch●ßt	

4. Schreibe den Text ab und ergänze i oder ie.

S●g oder N●derlage?

Jana train●rt die Mädchenmannschaft. S● train●rt die Sp●lerinnen zweimal pro Woche. Wenn s● beim nächsten Sp●l den S●g err●ngen wollen, müssen s● s●ch den Ball z●ls●cher zusp●len können. Deshalb grupp●ren s● s●ch zu dr●tt und passen s●ch den Ball zu. Dann prob●ren s● schnelle Ballwechsel in der Mannschaft. Weil d●s gut gel●ngt, applaud●rt Jana. Nun hoffen alle, dass s● beim nächsten Sp●l s●greich sein werden.

Werkstatt – die Doppelvokale aa, ee, oo

Die Doppelvokale aa, ee, oo

- Nur in wenigen Wörtern werden die Vokale a, e, o verdoppelt.
  Paar, Meer, Moor
- Die Doppelvokale schreibt man im Deutschen nur bei Nomen und deren Ableitungen.
  der Aal, aalglatt, sich aalen
- Viele Wörter englischer Herkunft schreibt man mit dem Doppelvokal oo.
  cool, Pool

1. Finde zu jedem Wort ein verwandtes Wort:
   Schnee – schneereich

   Schnee   leer   Seele   Aal   Idee   Haar   Saal

2. Schreibe jeweils die Reimwörter zusammen auf:
   Paar – Haar

   Paar   Tee   Meer   Aal   Saat   See   Teer   Staat   Allee   Saal
   Idee   Fee   Kaffee   Schnee   Speer   leer   Klee   Haar

3. Schreibe zu jedem Wort englischer Herkunft die deutsche Bedeutung:
   Looping: Überschlag

   Looping   Look   Scooter   Boom   Pool   Shampoo

   wirtschaftlicher Aufschwung   Aussehen   Teich
   Überschlag mit dem Flugzeug oder der Achterbahn
   Haarwaschmittel   elektrisches Kleinauto auf der Kirmes

4. Schreibe den Text ab und setze folgende Wörter ein:

Malwine besucht Morgana

In einer Vollmondnacht machte sich Malwine auf den Weg zu der guten Morgana. Zuerst lief das Mädchen durch ein unheimliches . Silbrig glänzende wiesen ihr den Weg zu einem . Dort stieg Malwine in ein leeres , mit dem sie zur Insel der ruderte. Mit einem vierblättrigen blatt berührte sie bei der Felsenquelle einen Stein, der ganz mit bewachsen war. Auf einmal stieg Nebel auf und die Morgana erschien. Ihr glänzte golden, ihre Haut war weiß wie .

Fee   Moor   Beeren   See   Boot   Fee   Klee   Moos   Fee   Haar   Schnee

Wortkarten – Beilage

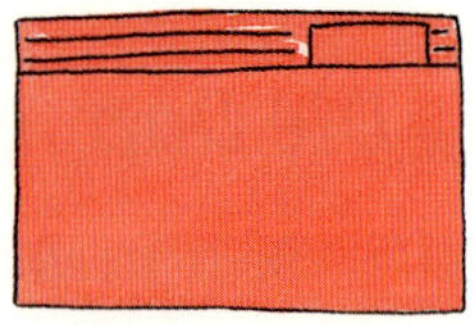

Die Wortkarten enthalten die Wörter aus den Wortkarteien. Diese finden sich in Kapitel 1 bis 11. Es gibt 240 Wortkarten. Die Wortkarten sind nach den Kapiteln sortiert und farblich markiert und enthalten die Wörter nach ihrem Vorkommen innerhalb des jeweiligen Kapitels. Die Wortkarten sind fortlaufend nummeriert. 19 Blankokarten können mit eigenen Wörtern beschrieben werden.

Die Wortkarten ermöglichen die intensive Erarbeitung besonders wichtiger oder häufig vorkommender Wörter, die zum Teil besondere Rechtschreibschwierigkeiten oder grammatikalische Besonderheiten aufweisen. Die Wörter sind mit dem farbigen Silbentrenner dargestellt. Die Wortkarten enthalten:

99 Nomen

Vorderseite: Nomen mit bestimmtem Artikel
Rückseite: Nomen mit unbestimmtem Artikel und (sofern vorhanden) die Mehrzahl mit „viele“

Abstrakte Nomen werden durch Wörter aus der Wortfamilie ergänzt.

70 Verben

Vorderseite: Grundform (Infinitiv)
Rückseite: Personalform „er, sie, es“ in der

- ● Gegenwart (Präsens)
- ■ einfachen Vergangenheit (Präteritum)
- ▲ zusammengesetzten Vergangenheit (Perfekt)

Sofern es sich um ein deutsches Standardwort handelt, steht zusätzlich die Grundform (Infinitiv) im jeweiligen Häuschen mit Markierung des Wortstammes.

53 Adjektive

Vorderseite: Grundstufe (Positiv)
Rückseite: 1. Vergleichsstufe (Komparativ), 2. Vergleichsstufe (Superlativ)

Wenn keine Steigerung möglich ist (z. B. ungesüßt), verdeutlicht ein Beispielsatz die Bedeutung oder weitere Wörter aus der Wortfamilie werden genannt.

18 weitere wichtige Wörter: Adverbien, Konjunktionen, Präpositionen

Vorderseite: Das Wort
Rückseite: Ein Ausdruck, der den Sinnzusammenhang verdeutlicht oder ein Beispielsatz erläutern die Bedeutung.

Wenn ***Umlaute (a – ä, au – äu)*** zu beachten sind, weist zusätzlich der Zauberstab darauf hin.

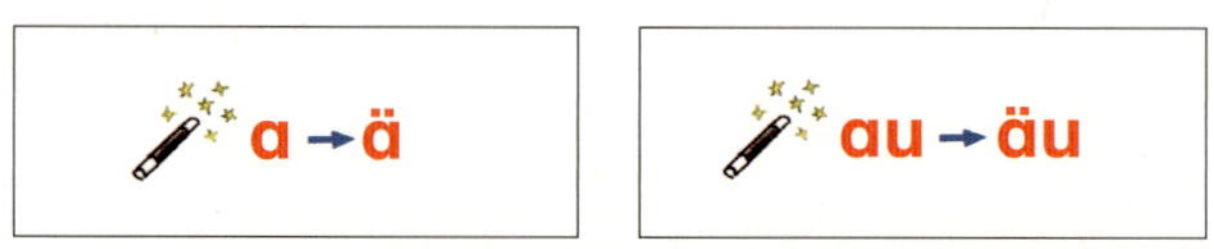

Lernen mit den Wortkarten

Allein / selbstständig mit den Wortkarten und der 5-Fächer-Lernbox lernen

Die ausgewählten Wortkarten (z. B. 10 Stück) werden in das erste Fach gesteckt.

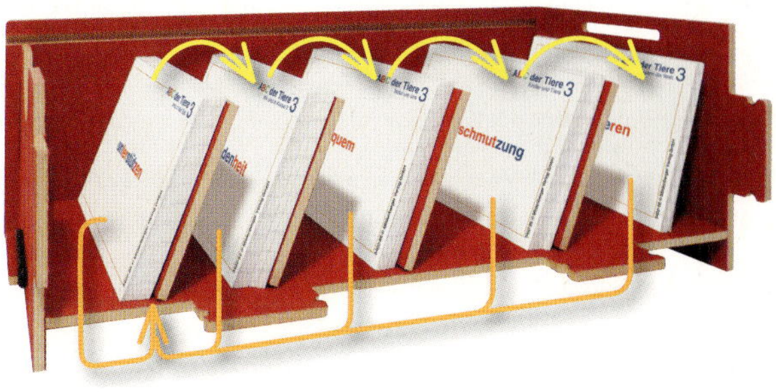

Eine richtig bearbeitete Wortkarte wird danach in das zweite Fach der Box gesteckt. Jedes Mal, wenn das Kind mit den Wortkarten arbeitet, greift wieder dieses Prinzip: Wird die Wortkarte richtig bearbeitet, darf sie in das nächste Fach gesteckt werden (wenn nicht, kommt sie wieder zurück in Fach 1).

So werden auch die Wortkarten in den Fächern 2 – 4 bearbeitet, bis alle im letzten Fach angekommen sind (und damit im Langzeitgedächtnis).

Sowohl die 5-Fächer-Lernbox als auch Blanko-Karteikärtchen (DIN A8) für das selbstständige Erstellen weiterer Wortkarten finden Sie beim Mildenberger Verlag: www.mildenberger-verlag.de/5-faecher-lernbox.

In Partnerarbeit mit den Wortkarten lernen

Gegenseitig abfragen

Ein Kind fragt und überprüft mit den Wortkarten, das andere antwortet.
Die Kinder tauschen die Rollen, damit beide fragen und antworten dürfen.

Gemeinsam sortieren

Die beiden Partner ordnen die Wortkarten gemeinsam nach bestimmten Merkmalen, z. B.:

- nach Wortarten
- alphabetisch

Partnerdiktat

Es werden zehn Wortkarten gezogen oder ausgewählt und dem Partner diktiert.
Später kann gemeinsam anhand der Wortkarten überprüft und verbessert werden.

Freiarbeit/In der Gruppe mit den Wortkarten lernen

Sätze erfinden

Die Karten nach Wortarten (Nomen, Verben, Adjektive) sortieren. Ein Kind zieht jeweils eine Karte und bildet mit diesen Wörtern einen Satz. Dann ist das nächste Kind an der Reihe.

Quatsch-Geschichten erfinden

Die Wortkarten werden gemischt und verdeckt auf einen Stapel gelegt. Dann zieht das erste Kind der Gruppe eine Wortkarte und denkt sich einen Satz aus, in dem dieses Wort vorkommt. Das nächste Kind, das an die Reihe kommt, muss ebenfalls einen Satz mit dem von ihm gezogenen Wort bilden. Er sollte aber in irgendeiner Form an den Satz des vorherigen Kindes anknüpfen. Am Ende entsteht so eine witzige Nonsens-Geschichte.

Bildquellenverzeichnis

S. 6 Hausmeister: © ClipDealer.com; Rektorin: © Kurhan – Fotolia.com; Lehrerin: © AVAVA – Fotolia.com; Schulkinder: © Christian Schwier – Fotolia.com; Sekretärin: © Eléonore H – Fotolia.com; Eltern: © Günter Menzl – Fotolia.com; Reinigungskraft: © runzelkorn – Fotolia.com

S. 15 Lagerfeuer: © olgachirkova – Fotolia.com

S. 17 Vulkanausbruch: © Vulkanisator – Fotolia.com

S. 19 Flugsicherung: © Ben Burger – Fotolia.com

S. 21 Ureinwohner macht Feuer: © Gianni – Fotolia.com

S. 24 Kind einsam auf Parkbank: © StefanieB. – Fotolia.com; Küssende Kinder: © A. Jüttner-Lohmann – Fotolia.com; Kinder Stirn an Stirn: © Miredi – Fotolia.com; Junge zeigt Faust: © Eléonore H – Fotolia.com

S. 41 Hildegard von Bingen: © Wikimedia Commons; Elisabeth von Thüringen: © Wikimedia Commons

S. 48 Ballettschuhe: © Konstantin Yuganov – Fotolia.com; Boxhandschuhe: © Tobias Kaltenbach – Fotolia.com; Bücher: © Friedberg – Fotolia.com; Fußball: © Paul W. Brian – Fotolia.com; Gitarre: © Vladislav Lebedinski – Fotolia.com; Wave-Board: © Lucky Dragon USA – Fotolia.com; Auto Legotechnik: © magicpen_pixelio.de; Puppenhaus: © Glenda Powers; Kette Herzchenform: © colourbox; bunte Perlen: © colourbox

S. 56 Mädchen Deutschland: © ChristArt – Fotolia.com; Junge Brasilien: © Angela Köhler – Fotolia.com; Junge Alaska: © Blend Images – Fotolia.com

S. 57 Mädchen Australien: © S.White – Fotolia.com; Junge Afrika: © Claudia Paulussen – Fotolia.com; Mädchen Japan: © mamahoohooba – Fotolia.com

S. 64 James Cook: © Wikimedia Commons; Charles Darwin: © Wikimedia Commons; Marie Curie: © Wikimedia Commons

S. 65 Howard Carter: National Photo Company Collection Congress, 1924; Alexander Fleming: © Wikimedia Commons; Jane Goodall: © Nick Stepowyj auf www.flickr.com/photos/nickstep/5407412315/

S. 66 James Cook: © Wikimedia Commons

S. 68 Jane Goodall 2: © Jeekc – Wikimedia Commons

S. 71 Tutanchamun Maske: © Myk Reeve – Wikimedia Commons; Ägyptischer Siegelring: © Guillaume Blanchard – Wikimedia Commons

S. 72 Marie Curie: © Wikimedia Commons

S. 73 Marie und Pierre Currie: © Getty Images

S. 76 Skelette von Mammut und Höhlenbär: © Wikimedia Commons; Narwal: © Andreas Meyer – Fotolia.com

S. 78 Schlange: © a9luha – Fotolia.com; Adler: © Frank – Fotolia.com; Krokodil: © Cerridwen – Fotolia.com; Wolf: © Angelika Möthrath – Fotolia.com; Fledermaus: © NABU/Klaus Bogon

S. 80 Portrait Münchhausen: © Wikimedia Commons

S. 82 Münchhausen-Denkmal: © Wiitkowsky – Wikimedia Commons

S. 84 Buntspecht: © Olaf Kloß – Fotolia.com; Eisvogel: © Lukasz Lukasik – Wikimedia Commons; Pirol: © Natureatyourbackyard – Wikimedia Commons; Kuckuck: © Dûrzan Cîrano – Wikimedia Commons; Schachbrettfalter: © Cornerstone_pixelio.de; Kormoran: © photomic – Fotolia.com; Orchidee: © BerndH – Wikimedia Commons; Biberratte: © Bredehorn Jens_pixelio.de; Haubentaucher: © Alexander Erdbeer – Fotolia.com; Blässhuhn: © kklausi_pixelio.de

S. 88 Kranichformation: © Martina Berg – Fotolia.com; Kranichgruppe: © Alphacandy – Fotolia.com; Kranichbalztanz: © Thomas Weber (www.natur-focus.de)

S. 89 Bernstein: © Florentine_pixelio.de

S. 96 Kolosseum: © thopix_pixelio.de; Basilius-Kathedrale: © Bart Slingerland – Wikimedia Commons; Brandenburger Tor: © view7 – Fotolia.com; Windmühle: © Udo Ockema – Wikimedia Commons; Eiffelturm: © Stephan Leyk – Fotolia.com; Hofreitschule: © Spanische Hofreitschule Wien

S. 97 Schwedenhaus: © Ulf Klingström – Wikimedia Commons; Akropolis: © Harrieta171 – Wikimedia Commons; Atomium: © Accountalive – Wikimedia Commons; Hagia Sophia: © Faraways – Fotolia.com; Tower Bridge: © Merlin-UK – Wikimedia Commons; Stabkirche: © zoetnet – Wikimedia Commons

S. 98 2-Euro-Münze Griechenland: © Europäische Zentralbank

S. 101 Landkarte Schweden/Skandinavien: © Arid Ocean – Fotolia.com; Mitternachtssonne: © Andreas – Fotolia.com; Polarlicht: © Kirsty Pargeter – Fotolia.com; Alfred Nobel: © Wikimedia Commons; Astrid Lindgren: © Wikimedia Commons; Carl Gustaf und Silvia: © Holger Motzkau 2010 – Wikimedia Commons; Elch: © Findus2000 – Fotolia.com; Schwedenhaus: © Wikimedia Commons; Mittsommerfest: © Stern – Wikimedia Commons

S. 102 Brandenburger Tor: © Sliver – Fotolia.com

S. 104 Freiburg/Münster: © Joergens.mi – Wikimedia Commons; Freiburg/Martinstor: © Joergens.mi – Wikimedia Commons; Freiburg/Schwabentor: © Joergens.mi – Wikimedia Commons; Freiburg/Altes Rathaus: © Joergens.mi – Wikimedia Commons; Freiburg/Alte Universität: © Michael Schmalenstroer – Wikimedia Commons; Freiburg/Bertholsbrunnen: © Joergens.mi – Wikimedia Commons; Freiburg/Historisches Kaufhaus: © Andreas Trepte, www.photo-natur.de – Wikimedia Commons; Berühmte Freiburger, Berthold Schwarz: © Wikimedia Commons; Berühmte Freiburger, B. Herder: © Wikimedia Commons; Berühmte Freiburger, K. v. Rotteck: © Wikimedia Commons

S. 119 Maibaum: © Dr. Eugen Lehle – Wikimedia Commons

S. 121 Spitzwegerich: © www.BioLib.de – Wikimedia Commons; Löwenzahn: © www.BioLib.de – Wikimedia Commons; Bärlauch: © www.BioLib.de – Wikimedia Commons

S. 128 Altweibersommer: © Karin_Jung_pixelio.de; Herbstbäume: © BeTa-Artworks – Fotolia.com

S. 131 Amsel: © Ingo Bartussek – Fotolia.com; Enten: © John Sandoy – Fotolia.com

Liedquellenverzeichnis

S. 118 Die Blumen tanzen Rock n'Roll
M + T: Wolfgang Spode, © Fidula-Verlag, Boppard/Rhein

S. 122 In the summertime
M: Ray Dorset, T: Michael Holm, © Broadley Music Int. Ltd., Associated Music Int. Ltd., Sony/ATV Music Publishing (Germany GmbH), Berlin

S. 125 Die vier Jahre geh'n zu Ende
M: Reinhard Horn, T: Rita Möders, Dorothee Schröder, © Kontakte Musikverlag, Ute Horn, 59557 Lippstatt

S. 126 Jahreszeitenlied
M + T: Gerda Bächli, © Musikverlag zum Pelikan, Hug & Co. Musikverlage, Zürich

S. 130 Herr Winter stammt vom Kaukasus
M: Heinz Lemmermann, T: James Krüss, © Fidula-Verlag, Boppard/Rhein

Textquellenverzeichnis

S. 11 Streiten muss sein
Streiten muss sein, Irmela Brender, aus: „Streitbuch für Kinder, Meine Meinung – Deine Meinung“, Beltz & Gelberg, Weinheim/Basel 1981

S. 14 Das Feuer
Das Feuer, James Krüss, aus: „Der wohltemperierte Leierkasten“, Mohn Verlag, Gütersloh 1961

S. 26 Fremd sein
Fremd sein, Klaus Kordon, aus: „Herr Lackmann geht ins Kino“, Beltz & Gelberg, Weinheim/Basel 2008

S. 52 Mädchentore zählen doppelt
nach: Mädchentore zählen doppelt, Cornelia Franz, aus: „Geschichtensafari“, Hrsg. Ellen Frömming, Beltz & Gelberg, Weinheim/Basel 2011

S. 86 Bärenleben
Papa, wann darf ich mit? nach: „Der Bärenmann. Vater und Sohn unter Grizzlys in Alaska“, Andreas Kieling, Hoffmann und Campe, Hamburg 2004

S. 90/91 Die „h-Regel“
nach: Nero Corleone – Eine Katzengeschichte, Elke Heidenreich, Sanssouci im Carl Hanser-Verlag, München 2007

S. 103 Max und Moritz auf Alemannisch
Max und Moritz auf Alemannisch, Rosemarie Bannholzer, aus: „Geschichten von Wilhelm Busch“, Concept Design GmbH 1999

Max und Moritz in verschiedenen Mundarten
Max und Moritz in verschiedenen Mundarten, Manfred Görlach, aus: „Max und Moritz von A bis Z“, Universitätsverlag C. Winter, Heidelberg 1995

S. 104 Sonnenwärme/Sonnenstrom: © Stadt Freiburg, Umweltschutzamt

Verkehr: © Stadtplanungsamt Freiburg, Abteilung Stadtarchitektur Umweltschutzamt

S. 107 Dachbodenluft schmeckt anders
nach: Dachbodenluft schmeckt anders, Cornelia Funke, aus: „Cornelia Funke erzählt“, Loewe Verlag, Bindlach 2004